大展好書 好書大展

大展好書　好書大展

命理與預言49

商場開運風水術

小林祥晃／著
李芳黛／譯

大展出版社有限公司　印行

●前言——

給上班族的一封信

利用公司的風水

生長環境、教育環境、交往的女性、妻子、家庭等因素，都可影響一個男人的一生。但再怎麼說，對男人而言，最具有影響力的大環境，仍然是工作。

衆所周知，選擇行業會改變一個男人。但我並不是要各位只注意職業種類就好。其實，進入怎麼樣的一個公司，才真能改變一個男人。

我以前向各位提過，室內裝潢可以改變人生。此舉也獲得廣泛的評價。許多人都承認，風水就是環境開運學，而身體力行的人，也都能享受到利用風水開運的絕佳效果。

我常常在想，如何將風水造成的影響應用在更廣泛的分野上。這一次，我們就將主題擺在商場上，探討個人工作方面的風水。

同樣是一份工作，但它對男女而言的意義與目的均不相同。觀看古今東西之例，男人的確會因女人而改變。但我認為，最終還是在於工作方面。

工作順利則生龍活虎、充滿朝氣，工作不順心則往往無精打彩、垂頭喪氣。也有人沉溺酒色、逃避現實，但這只是一時的快樂與解脫。每個人都知道，逃避是無法解決任何問題的。

總而言之，使一個男人人生豐富、生活充滿色彩，工作上的成功是不可或缺的要素。

公司、工作的確帶給男人相當大的影響層面。那麼，我們就找一家頗具規模，待遇佳的公司待下來吧！各位先要有個心理準備，大公司、待偶好，未必能為你帶來好運。

很令人意外，將公司視為領薪水的地方，整天對公司發出怨言、心理不滿的人，竟然何其多啊！公司絕不只是這樣的一個場所而已。

回首看看你的人生。嬰幼兒時期，家是你的行動中心。雙親是對你最具有影響力的人，風水的重心便是在家庭。等你上學之後，便受到學校風水的影響。因為你一年當中，超過二百天在學校渡過。

踏出社會後，公司便成為你的重心。你一天的大半時間是在公司渡過。即使是跑外務的營業員，仍是屬於公司的一員，情形自然相同。像這樣的生活大部份是在思考工作方面的事情，你能說你的人生不受到公司或工作的影響嗎？

有人認為自己的人生比不上別人幸運。我認為，倒不如說是對你的人生而言，公司或工作並沒有對你產生正面的影響。

「應該積極利用公司的風水。」

這就是這次我要談的主題。

如果一開始能進入運好的公司，說得明白些，應該是風水好的公司，那麼，你的成功率的確可以大大提高。

但如果進入一家風水並不好的公司，該怎麼辦呢？別擔心，你可以利用自己的雙手，改變公司的風水或方位，依然成功可期。

在此，我還是不厭其煩地再提醒各位，公司並非只是你的工作場所而已，它還是你創造人生的場所。其重點就在風水。

檢查你的辦公室風水

對於女性上班族而言，就業是什麼？工作是什麼？說穿了，不就是「結婚的入口」嗎？

這麼說也許會引來一陣責罵，但事實上，不少女性就是在工作上結識現在的丈夫。這項事實不容否定，從這方面來看，就業和婚姻可說關係密切。

因此，對女性朋友而言，我大膽這麼說。就把選公司當成是「選老公的地方」。很意外的，公司方面也對這種情形感到歡喜，為什麼呢？試想，「不怎麼樣」的女性在公司一待就是好幾年，連當花瓶都有點勉強了，這種現象不僅對於女性本身，對於公司來說也是不幸。因為這個人一直佔著現在的位置，公司不能隨便開除她，也無法招募更優秀的人材。

說得太過份了嗎？其實我只不過是露骨地表達出來而已。正是言人之所不敢言。

玩笑歸玩笑，現在言歸正傳。

總有女性將就業視為婚姻的入口，希望這些女性朋友能找到一家風水好的公司，盡早發現人生旅途的最佳拍檔，走進婚姻大門。

上班族的朋友們，讀完這本書後，你們第一件事應該做什麼？也許應該比平常提早走進辦公室，然後觀察自己辦公桌的周圍環境，從風水的觀點詳細檢查。如果，你現在的位置環境不太好，則請你往風水的最佳空間移動。倘若最佳場所不在你的公司裡，則請提起勇氣，換其他的公司吧！

這也許是比較激烈的風水理論，但我只是努力想使各位理解辦公室風水的重要性。希望每一個人都能享受充實、快樂的上班生活。

工學博士
一級建築師　小林　祥晃

目錄

第1章

從風水看運好的公司、運不好的公司

目　録

第2章

辦公室內設計風水學

第3章

如何掌握辦公室的運氣

第4章 使運氣突飛猛進的行動風水術

目　録

序　文

風水在工作上發揮最大的力量

我有個預感，這本書將成爲拙著風水書的定版。爲什麼呢？因爲經過我的長年研究與實踐，再加上所見所聞，確信風水在工作上的效果。

我總是透過風水向各位傳達一件事，「人受環境影響」，對於上班族男女而言，公司或工作的環境，是左右個人幸福的最大要因。

談到風水，也許很多人想到占卜。

但是，並非如此。

我在『風水的奥義』、『開運風水收藏術』中很清楚的指出，「風水是環境開運學」。另外也提到，「風水不單單在住的方面，也是一門可使用於食、衣各方面的開運學問」。目前，『風水』一詞非常流行，但實際上，究竟什麼是風水？風水指的是什麼？還有很多人並不了解。

即使電視節目、雜誌大量取材，對於風水不斷進行討論、報導，但仍有不少人認爲，「風水是亞洲流行占卜的一種」。即使翻開報章雜誌，也看見不少占卜師以風水師的身份大肆談論風水，難怪民衆的觀念會被誤導，我的看法，風水能在日常生活中發揮力量，特別是在工作方面能發揮最大力量。

換句話說，只要在工作上活用風水，任何人都可以在工作上獲得成功，而且可以享受工作的樂趣。

踏出社會後，就不可避免長時間與工作爲伍，甚至待在公司的時間比家裡長，因此，與其辛勤勞苦地工作，還不如在愉快的氣氛中工作。

此外，風水還有預見的優點，對於現在想就業的人，或現在在公司苦惱不已的人，甚至營業、企劃上無法突破的人，風水均可助你一臂之力。因此，風水可說是在各方面創造非常效果的開運學。

風水上沒有偶然，一切均為必然

最近因「希望你來談談風水」的關係，到電視台的機會非常多。我往往會先站在電視公司門口端詳，從電視公司大門的入口方向，便可得知其大概實力。

東京電視公司的入口全部向著皇居方向，有人認爲這是爲了吸收來自皇居的力量。也許的確有電視公司以此爲著眼點，設計大門方向，但若說全部如此，就有點勉強了。

事實上，由於道路關係，你的大門就非設在某處不可。但還有進一步思考的必要。即使向著皇居是偶然下的產物，但對於當局希望「一定要得到那塊地」，就產生了必然的力量，以此爲出發點，就成了將風水力量變成自己東西的第一步。

總而言之，電視台的大門方向，可以清楚地表現當局的特徵。

例如，富士電視台，大門向東。從風水觀點來看，此大門坐向的公司，可以不斷採用新人、年輕人，達到成功階段。衆所周知，富士電視台的成功，便是實踐風水的結果。

風水當中沒有偶然，一切均爲必然。

與其說是偶然找到那塊地，倒不如說是你一直尋找的必然結果。建築物的形狀、你的飲食、發言、人際關係、你進入的公司等等，一切都是必然。這些都是你渡過一生的必要環境。先了解這個環境，然後從環境中解讀自己的現況，進一步分析如何使自己的工作或人生活潑生動，這才是利用風水的方法。

『工作創造一個人。』這就是我想寫的。

了解工作上的風水後，就算你想超越你尊敬的上司，或者平日認爲「很難勝過他」的同事，都不再只是夢想了。甚至還能成爲舉世皆知的成功者。不用說，工作上的煩惱自然消失殆盡，在此特別聲明，關於這一點，男女是沒有分別的。

風水絕非難事。只要一讀本書就懂，來吧！現在就開始。將風水應用在小至身邊小事物、大到公司大樓、經營方法等各方面，經過本書洗禮，你必能掌握開運風水的竅門。

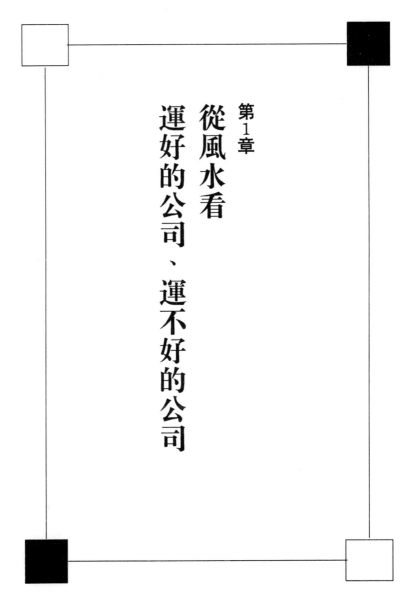

第1章
從風水看運好的公司、運不好的公司

各位已經利用居家室內裝潢開運了吧！但是不是到公司又把運拉下來了呢？如果你每天到公司都將運氣往下拉的話，那麼就算在家中被開運設計裝潢圍繞，但你的上班生活仍談不上喜悅。

在自己家中吸收好運、精神充沛，但進入不合的公司和不合的上司、同事說話，好運就被拉下一點，下了班在不合的店裡吃飯、和不合的朋友談話，運又被拉下了一點，像這樣一點一滴地往下掉，好不容易囤積起來的力量，也有用盡的時候。檢查一天的運勢收支，就和體力一樣，早晨最佳、夜晚最低，每日如此反覆。好事當然不會造訪，也談不上什麼好運了。

本章教導你從幾個重點出發，檢查你所在公司本身的風水力量。看看此處是使你開運的幸運之地，還是吸取你運勢的『凶』處。

交通方便的公司風水力強

所謂風水，是指幸運之氣遍流大地。

此幸運之氣稱爲『龍脈』，幸運之氣流經的方向稱爲『流行』。運好的公司，是指位於幸運之氣流經龍脈上的公司。

龍脈與水脈、礦脈一樣，並非肉眼所可看見。那麼，龍脈在哪裡？怎麼找呢？舉個例子，東京便是從富士山延伸的大龍脈往東京流。流入東京的龍脈向四面八方散開，然後集合於環繞皇居的高崗。再從此處一股作氣流向皇居，最後從皇居噴出來。

幾年前，有個電視節目使用儀器測量皇居、銀座、東京繁榮處之地磁氣，結果顯示。皇居比一般土地多出八倍的力量。而銀座也比我公司所在的世田谷高出一倍以上，皇居力量則為銀座的四倍。

從風水觀點來看我的公司，某些場所也具有相當力量，可惜的是，交通不方便。尤其是缺乏電車之便利性，但從另一方面而言，由於位居主要道路旁，所以搭車很方便。

被稱為龍脈的大地之氣的流向，多半是沿著主要幹線道路或鐵路線上而流。長久以來繁榮熱鬧的街道，從風水上來看，便是大地能量強的場所。換句話說，所謂風水，就是在交通方便之處具有强烈的龍脈，因此，公司位於交通便利處，其所得到的大地能量也較多。

你的公司位於何處呢？

如果是位於各大車站徒步可達之範圍內，其立地條件在風水上而言為佳，但即使立地

以富士山為中心的東京龍脈

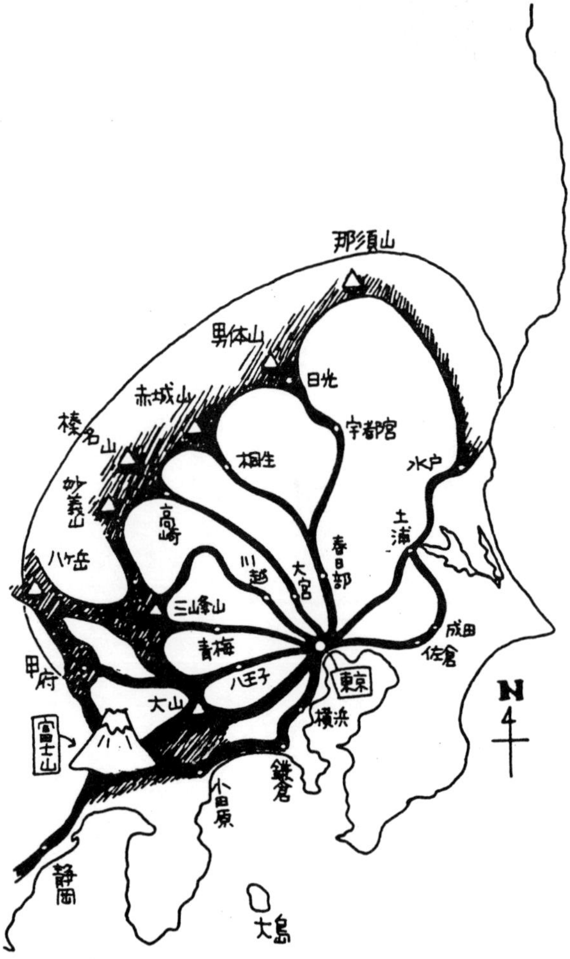

條件佳，而建築物本身的風水不好的話，也沒什麼用。

鉛筆型建築物在風水上為凶

現在來看看公司建築物的風水。

首先看道路。

面臨窄巷的大建築物，在風水上並不理想。道路是運送幸運的通道，大建築物需要大能量。狹窄巷道的龍脈應該也屬狹窄，因此，無法從中吸收足夠的能量。如上所述，道路與建築物的大小關係密切。

此外，像鉛筆一樣狹長的建築物，建立在狹窄的土地上，在風水上也不被看好，建築面積的大小必須和樓房配合。詳細內容稍後再述，在此先請各位牢記，在視覺上呈現不平衡狀態的鉛筆型建築物，風水上而言是不好的。請務必避免！

觀察道路寬度與建築物的最簡單方法是，十公尺左右的道路即可建大樓。一般住宅道路爲六公尺，大樓能臨十公尺道路最好。

風水上凶的建築物

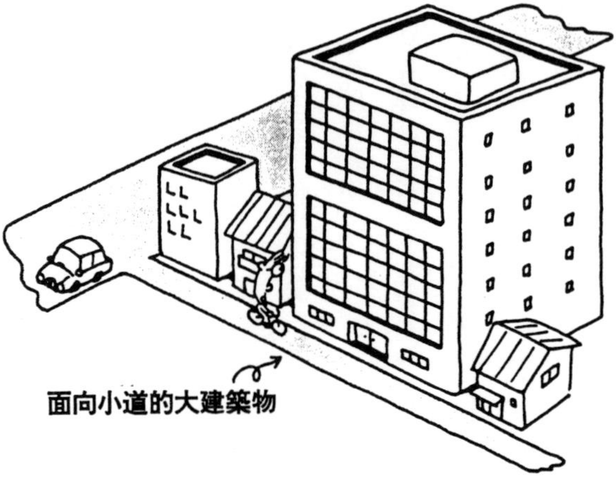

面向小道的大建築物

腹地狹窄的高層建築

對於三角地帶建築物的風水診斷

道路位於大樓的哪一側，其對建築物所產生的風水威力也不同。

日本人很喜歡三角地帶。

常常在十字路口附近或道路交叉點，建築代表性建築物，雖然感到熱鬧、威力，但風水上正好相反。面臨大交叉點之處，缺乏威力。

如前所述，「道路爲幸運的通道」。在大交叉點處，有利於車輛通行，但請別忘記，行人的通行就顯得相當不自由。

商店街面臨大路而無法繁榮的情形不少。而位於小路旁的商店街，例如，東京原宿的竹下通、淺草的中見世、下北澤的商店街等等，離這些商店街不遠處的大樓，比較會有好公司進入。

公司與店舖的思考方式完全不同，如果是小型店舖的話，三角地帶並非屬於優良條件。

入口的方向、停車場的風水

辦公大樓位於三角地的場合，大門入口方向就很重要了。即使每一方向有道路，但入口仍是相當重要的因素。

雖說因所做買賣性質之不同而異，但實際上，也只是入口位置的差別罷了。

正如在序文中所介紹過的，電視台的大門向著威力强捍的皇居，依座向之不同，其所吸收的地氣品質也截然不同。

此外，貿易公司的大門向哪一方好呢?建設公司的大門向哪一方好呢?入口方向依業種而定。最好在建築之前先行詳細調查，而首先一定得考慮道路與建築物之間的關係。

東道路的話，一般而言，入口最好在東南側、東側方向為佳。

南道路的話，東南側、南側為佳。

西道路的話，西南側、西側為佳。

北道路的話，東北側，北側為佳。

最近車輛漸增，走向汽車時代，所以辦公大樓內也多半設有停車場。停車場的入口擺在哪裡比較好呢？這也是風水上一個重要問題。

停車場基本上也和道路有密切關係。

停車場面向北側道路時，冬季北風强烈吹入，還挾帶大量砂石。面向西側道路的話，午後西曬對車子而言並非好環境。而且，此方位也容易受强風、砂石侵襲。考慮到這些自然環境（風水即研究環境的學問）之後，停車場還是面向東側或南側道路爲吉。

如果停車場位於北側或西側的話，就必須對强風、砂石、西曬有應付對策。

此外，在風水上而言，危險之事即爲凶，違反建築基準法的停車場當然危險，人與車使用相同引道進入建築腹地也不可以。

人車同道不好還有一個理由，就是標準不同。撇開建築基準法不談，具體而言，在交叉點五公尺以內不要設停車場入口，如果是地下停車場，則其坡度不要達六分之一以上。

前些時候的關西大地震，船艙型建築物（一樓不用，從二樓以上開始使用的現代式建築）的損害即相當嚴重。這種建築不但在構造上不理想，在風水上也屬不易吸收大地之氣的建築物。

看入口即可了解公司氣氛

從外面很難看到入口，或者入口狹窄、陰暗，自然沒有清楚、寬廣、明亮來得好。

接下來是辦公大樓的大廳。由此可得知一個公司的氣氛如何，以及公司經營的方向。

怎麼樣的大廳對公司氣氛有幫助？經營什麼樣的事業應該用什麼樣的室內設計？我們以方位別加以說明。想要這樣的氣氛、想要在這種事業上達到成功，就必須引入强大的風水力量，將大廳設計在適合方位上，做適當的室內設計。

公司入口位於東方，也就是日出之方位。這家公司在企劃方面有傑出表現，從事現代流行新事業，這種公司會積極採用新人、聽取年輕人的意見，多半屬於富有開拓精神的公司。例如，前面所舉富士電視公司的例子，就是東方位入口的成功典型。

與音樂、電腦、播放有關的工作，入口在東方容易成功，大廳的設計應該開放、明亮，如此才能充分發揮風水的威力。

大樓整體設計方面，與其傳統、穩重，不如有誇張的表現，才能顯示出嶄新的氣氛與活力。使用塑膠、金屬之類的新建材來設計入口也不錯。東方入口的場合，即使不是大型建築也無妨。

入口在南方的話，有利技術性公司的發展，許多有名的機械公司均屬此例。

此方位入口宜採光亮設計，不妨利用不鏽鋼與玻璃組合製造效果。地板也盡量具有光澤。

玄關最好呈直線，但不要太長。入口帶給人一點冰冷感也不錯，觀葉植物陳列於玄關接待處則更佳。

入口處位於北側的公司，在型態上來講，比較屬於一人經營公司。

傳統的老公司，或過去繁榮，現在停滯的公司，多半入口位於北側。金融機構或大型企業倒是沒什麼問題，其他小公司的入口則不宜設計於北側。

有人聽我這麼一說，心想「原來如此」，但如果事實已是如此的話，總不能隨便就將大樓給拆了吧！這時候就得在吸收威力方面下工夫了，北方無法接受到日光直射，所以應該在照明上加強。除了增加照明度外。室內裝潢的顏色也儘量採用亮色。千萬別再使用沉重的色調，否則開放感全無。

北方入口的正面寬度必須十分充裕。不論大門或圍牆，都儘量使用玻璃。

此外，北側入口受北風强烈吹襲，所以有必要做防風設計。可以利用互相交錯的門或

從入口方位看公司氣氛

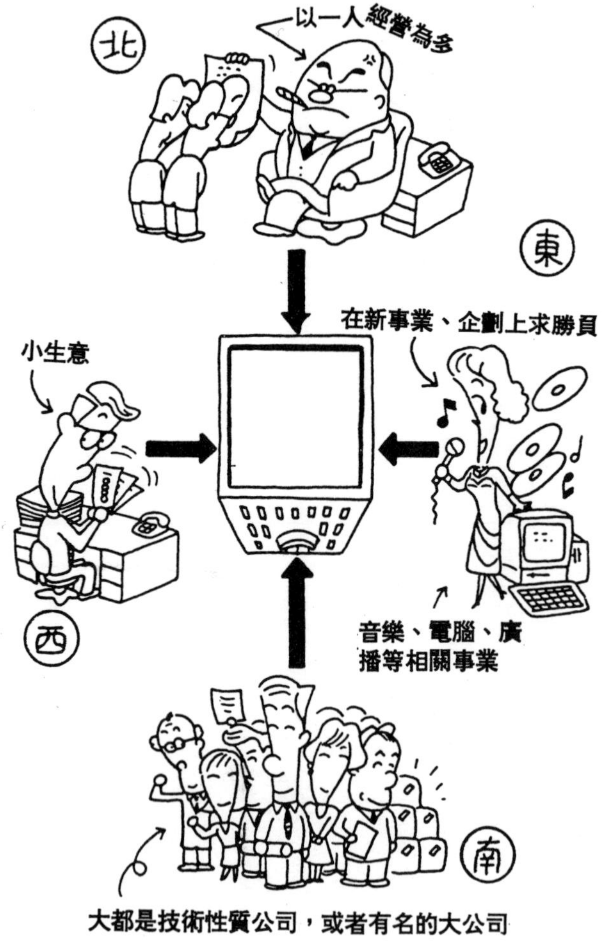
北
以一人經營為多
東
在新事業、企劃上求勝負
音樂、電腦、廣播等相關事業
小生意
西
南
大都是技術性質公司，或者有名的大公司

者回轉門，以防止强風直接吹入。

入口的玄關大廳寬廣明亮，可以使北方入口大樓繁榮。由於進入北側入口的力量少，所以寬廣明亮的玄關可以延長道路至建築物的距離，藉此提升地氣威力。

西側是比較適合各種職業的入口。

但是不太適合大型買賣。最好是小生意、直接金錢交易的公司。

此方位入口應做豪華設計。雖然黑溜溜的石頭不太好，但花崗石會讓人感覺柔和一點，善加利用即可製造出不錯的豪華效果。總而言之，不要讓人感受擁擠，空間的呈現最重要。

負責人、高級幹部辦公室的風水——置於最佳地點

即使身爲一個小職員，相信你的最終目標仍爲高級幹部，或者公司負責人。

從一個公司的負責人或高級幹部辦公室，即可看出這家公司的運氣。一般而言，負責人或高級幹部的辦公室，幾乎都位於離入口最遠的位置，或者最上方樓層。我本身也是公司的高級幹部，我的公司就將最佳位置設計爲幹部辦公室。至於這麼做的理由何在？此項

最後再加以說明。

高級幹部辦公室的特徵是，要有寬廣的空間。這樣的公司才有發展的餘地，爲什麼呢？因爲風水力量喜歡這樣的空間。

但並非指辦公室內部裝潢氣派而已。當然還得利用風水上的室內設計。

電梯與高級幹部辦公室的關係也很重要。

負責人辦公室應設於電梯出入口之最裡面。如果電梯位於東側，則負責人辦公室的最佳位置是西側或北側。

另外，應以北側或西側爲背面來擺置辦公桌，如此才能顯出負責人的威嚴與風格。

一般而言，負責人辦公室設於哪裡比較好呢？當然是從入口看去最幸運的位置，方位依業種別而多少有些差異。但總體來說，負責人超過四十五歲時，最好的位置是在西、北、西北。

年輕負責人的話，採用東南、東、南側也無妨。

儘量採用視野佳的房間當負責人辦公室，如果能看見美景則更佳。

金庫、會計室的風水——設於幸運區內

金庫、會計室等代表公司的部門。當然希望設置於幸運區內。

渋谷的宮益坂有一家城南電氣，其最上層是負責人辦公室及會計事務所，負責人辦公室位於幸運區內的鬼門方位。負責人則坐於鬼門上。

鬼門屬於變化的場所，最重要條件是保持清潔整齊。我初造訪時，不禁驚訝「没看過這麼髒的負責人辦公室。」雖然有點不禮貌，但我想負責人宮路先生經常捲入糾紛的原因，必定與鬼門不潔有關。

另外，會計部門位於東南方。代表金棒的金庫在屋子的西側，好像正是朝陽射入金庫中。但從整棟大樓來看，則金庫在正南方。

這是城南電器的總公司，其所販賣的東西是經營管理，這從其房間配置即可看出，從廉售王方面思考，其經營管理的位置很適當。

金庫設於幸運區內。

如果位於北側、東北側、西北側的話，則其公司的財運相當良好。

會計室不能太明亮，否則不能聚財。金庫也應位於微暗陰涼處，才是風水上的正確位置。

茶水室、廁所的風水——避開鬼門線

洗手間應該避開鬼門線。如果洗手間設置在大廳正面或醒目之處，則整個公司感覺遲鈍，是使風水威力減退的一大原因。最好設置在稍微隱蔽處，並且隨時保持環境清潔。

整個大樓的水準會依洗手間位置而變化。洗手間設置在適當空間，並且經過室內設計的公司，與對洗手間無關緊要的公司，其風水威力即有明顯差異。

我在涉谷的辦公室，洗手間的位置就不太好，位於正西方。洗手間設於正西方的公司，財運不太好，而且飲食生活混亂、上班時間精神散漫、邊做邊玩，往往造成工作績效滑落。

難道沒有補救方法嗎？有的。我的解決方法是，在廁所牆壁塗上黃色。前來的訪客一看見這道牆，均大吃一驚。但具備風水知識的人就會了解「廁所位於西方，爲了一掃金錢流失、工作不彰的氣氛，所以在牆壁塗上黃色」。

『在西方，黃色帶來財運。』

這是我在風水學問上的一句代表話，已經爲大衆所知，並有多人身體力行。

西方設置洗手間有以上弊害產生。如果設於其他方向，會對公司帶來什麼影響呢？

北方設置洗手間的例子也不少。這種場合往往容易產生人際關係的摩擦，例如，秘密在不經意間洩露，導致內部信賴關係失調。

廁所位於北側的公司，首先要注意照明是否夠亮，抽風機必須運行良好。另外再用鮮花佈置氣氛，鏡面也要採用大型鏡面，隨時保持清爽。

東側洗手間倒沒什麼大問題。

只有一點值得注意，就是也許工作人員做事不太沉著、安定。雖然看起來很活潑，但不安份於工作，對公司而言總是一大障礙。此時，不妨將洗手間設計得穩重一些，藉以達到風水平衡的效果。許多公司這麼改善後，職員就變得比較專心於工作。

廁所在南方的公司，總是富於變化。

新企劃一個接一個地出籠，使公司光彩十足。但另一方面，難得的企劃卻往往難以實現，這就是南方廁所的缺點所在。

解決方法很簡單，只要擺設觀葉植物，以寬廣的空間設計廁所，即可增强風水威力，

方位別·洗手間的吉凶

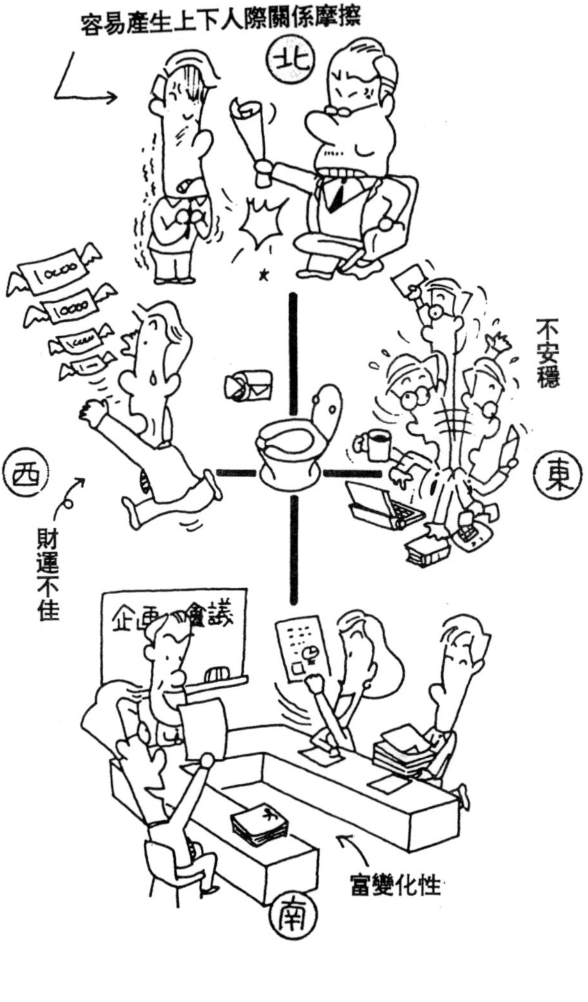

並提高企劃案的實現率。如果由於洗手間空間太狹窄，連擺設觀葉植物的地方也沒有的話，也可以綠色畫來裝飾。

如上所述，茶水室、洗手間對於一個公司的業績影響不小。從今之後，各位不要再有「剩下的空間就當茶水室、廁所」的觀念。

休息室、會客室的風水——下工夫設計裝潢

隨著「拒吸二手煙」的權利高漲，最近不少公司增設休息室，提供員工放鬆的休息空間。另外，會客室也是不可或缺的待客空間。

衆人出入的大廳入口位置，會改變公司的運氣。同樣地，接待客人的會客室位置及室內設計，也會影響整個公司的氣氛。

位於東側的會客室，一定要顯得明亮。整體看來濃淡分明的室內裝潢也可以。或者有技巧地使用原色系。表現出大膽、前衛的氣氛。

家具使用木製品，利用木與布達到均衡效果。色系最好用原色。

位於南側的會客室，利用不鏽鋼製造金屬氣氛，是增强風水威力的重點。請多加利用

金屬發光製品，當然，此時還需要觀葉植物，可以大大提高公司的運氣。如此一來，整個會客室必然能夠在皮製品與金屬製品中顯得朝氣蓬勃。至於皮製品，最好使用綠寶石色系或黃綠色系，以達最佳效果。

會客室在西側的場合，請儘量將室內佈置得厚實穩重。使用大理石、桃花心木或柚木家具等高級質材，以營造出豪華古典的氣氛。在適當位置擺設檯燈，也可以達到提升運氣的效果。

會客室在北側時，整體設計必須淡雅，不要有太多裝飾。

空間寬廣、感覺明亮的氣氛很重要，這時可利用投射燈使公司招牌發光。照明是北方會客室的重點，請注意整體照明度。

設置會客室、休息室是現代辦公室的潮流，所以有必要在風水上下工夫，以提升公司的運氣，這才是經營者最重要的任務。

餐廳的風水——在地下室容易洩漏秘密

很多大樓都將餐廳設計在地下室或最上層樓。

餐廳在地下室的公司，公司內部機密很可能在餐廳洩漏，這是位置的問題。例如，用餐時沒注意到有外人在，毫無防備地在餐廳高談闊論，以致洩漏了公司內部機密。相同的道理，很多企劃被盜竊的情形，也是發生在地下室餐廳。

地下停車場也和地下室餐廳一樣，是容易洩漏機密的場所。

風水上認爲，『停車場設在地下室的公司，容易機密外漏』。在地下室溫車的駕駛，很容易隨口說出「今天老闆要去某處」、「總經理要去某處」等話語，無形中洩漏公司機密。

現在行動電話被竊聽的機率很高。因此，在談論重要事情時，最好下車打公共電話。另外，也須防範公務車駕駛洩漏機密。

地下停車場、餐廳、休息室都是容易洩漏機密之處，在這些場所說話必須當心。

對於地下餐廳的設計，使用綠寶石色、茶色、綠色系，都能產生風水威力。對於閒言閒語有剎車作用，可利用來預防秘密洩漏。不妨乾脆將天花板、地板、牆壁都佈置成這種顏色。

最上層樓的餐廳呈開放式，對於氣氛的轉換相當有利。

由於氣氛太容易轉換，所以連不該說的話都說出來了，甚至加油添醋，成爲謠言的發源地。這種危險對公司影響甚大。

最上層樓餐廳的景觀的確不錯，但由於大部份用玻璃當圍牆，使得往往是來休息的人，卻被景色所吸引，反而不能好好休息。一個人沉浸在太陽光中，是無法安靜下來的。所以不要只是單純地用一大片窗讓光線直射而入，營造一點柔和的氣氛也很重要。

最上層樓房間最合適的仍然是綠色。再於入口處配上藍色，使之與天空統一化，使用寒色系也是使人安定的不錯方法。

ＢＧＭ的聲音從背後發出是現代風水流

最近一邊聽ＢＧＭ（Back Ground Music）一邊工作的公司有增加的現象。有人認爲音樂能提高工作效率。

關於音箱的位置，風水認爲聲音來自背後比來自正面的能率高。

此外，聲音的基本是來自東側。

辦公桌向東的人，聲音是來自正面，但基本上則來自後方。

垃圾場的風水影響管理能力

辦公大樓一定會有大量垃圾出現。其中不單單是紙屑而已，還會出現許多與生活有關的垃圾。

每一個公司都會有垃圾場。事實上，這個位置也會影響公司的運氣。

一般垃圾場都設置在後門，但也有些大樓的後門屬於高方位集中區。例如鬼門方位、北方位、西北方位等等，如果在這些方位設置垃圾場，則公司中級以上管理人員無法發揮力量。

從前有一位大公司老闆找我商量，「不知道爲什麼，這個人才四十五、六歲，就幾乎病懨懨的，好像隨時可能倒下去似的。公司有些事情很繁重，但每個人都無精打采的樣子，也著實令人相當疑惑」。我從其公司平面圖看來，鬼門、北側、西北側分別設置了茶水室、垃圾場、倉庫。

原因就在這裡。

西北、北、鬼門方位，是對年過四十男性的重要方位，如果在這些方位設置茶水室、洗手間、垃圾場的話，則優秀年輕人進入公司苦幹實幹到四十歲，好不容易當上了小主管後，卻開始走下坡。本來對這個人材而言，正是活躍的重要時期，卻因爲垃圾場設置不當，使得整個運氣往下滑，這點要特別注意。

辦公室地板採用綠色系則無困難

辦公室地板、天花板、牆壁都必須有防火、吸音、防靜電的設計。

地板色系經常被忽略，卻是很重要的一環。地板代表大地，必須在素材、色系、方位各方面求得均衡。如果單就色系而言，綠色最無障礙。

接下來是茶色系、綠寶石色系。

綠色地毯、綠色磁磚等綠色地板，代表草原、草地，而且也是對眼睛最有利的顏色，可以適用任何種類辦公室。

另一方面，茶色是土的顏色，屬於令人感到安心的色系。

以下再就辦公室常用色系加以說明。

《藍色系》

屬於寒色系，對於製造俐落辦公室有效果。

辦公室不採單色系，而使用多種顏色的場合，利用寒色系濃淡佈置的辦公室，給人有點淒涼的感受。

當你決定使用藍色等寒色系時，周圍的家具就不要用金屬製品，應該用木製品增加暖氣。

《灰色系》

運氣稍微停頓，是已經達到某種地位，希望安定者的適合顏色。

年輕人多的公司不太適合使用灰色系。灰色與黑色配合，則顯示公司無發展意慾。此外，配合灰色地板應用感覺高貴的黑、灰色家具。

其他也有使用紅色或橘色系的公司。

一般辦公室並非國會議事場所，紅色雖然豪華，卻不適合一般公司，只能局部用於會客室或高級幹部辦公室的地板。

利用圖書裝飾辦公室運用方位威力

這個方位掛這種畫

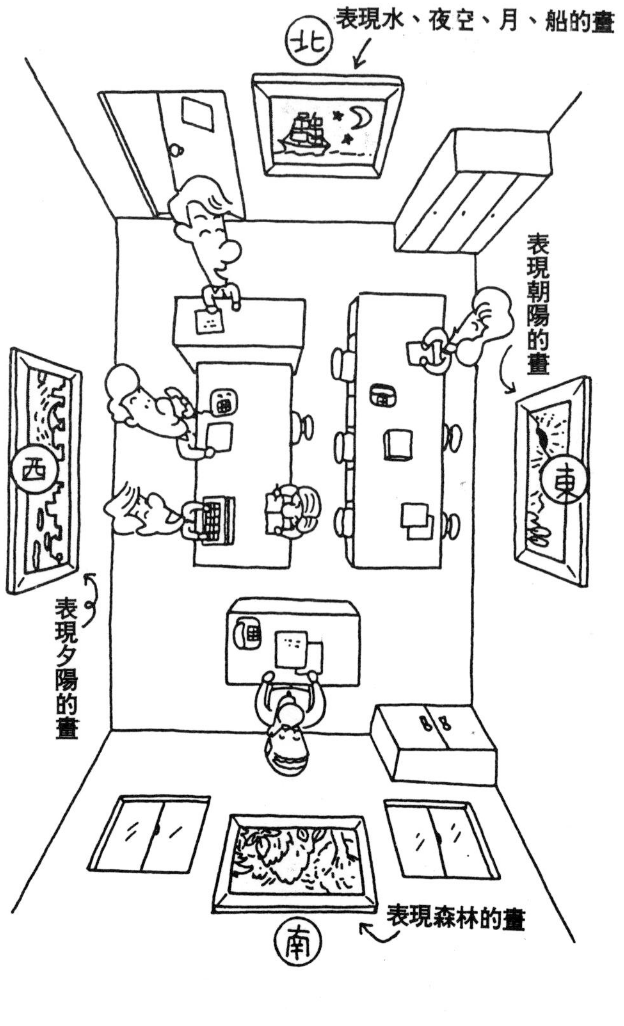
表現水、夜空、月、船的畫
北
表現朝陽的畫
東
西
表現夕陽的畫
表現森林的畫
南

最近許多公司都利用圖畫來裝飾辦公室。

我有一位朋友，就是專門替公司挑選裝飾圖畫。據她表示，各企業都相信在辦公室掛上適合圖畫、擺藝術品等，可以招來財運。

風水不僅適用於大樓，還可靈活運用於辦公室內空間。以下敘述「活用東西南北」。

東側代表朝陽。

南側代表森林。

西側代表夕陽。

北側代表水、夜空、月、船。

請依上述景物加以裝飾。

我的辦公室也配合這種方位裝飾適當圖畫，並且博得來訪者「讓人感到安定、舒服」的讚賞。聽了雖然很高興，但與其一個人獨享，我更希望將「活用東西南北」的方法介紹給各位。

擺置陶瓷品可提升財運

在辦公室擺陶瓷品的情形也很多。

我對陶瓷品也有偏好，經常以陶瓷壺、器皿來裝飾。以前曾經提到過，我用陶器龍裝飾自家正門入口，得到開運的效果。事務所則多採用陶壺。

壺是裝物品的東西，「物品」有各種物品，句括金錢。依壺的形狀、顏色不同，其所吸收金錢、資產的威力也不同。

增加金錢、資產的場合，最好用畫有貝類的壺。我在我的辦公室放了一個描繪浪與貝的陶壺。放了這個壺後不久，財源即滾滾而入，因爲這個壺象徵著積蓄、生產的威力。光是一個壺即可提升運氣。各位朋友千萬別小看它，不要忘了它。

電梯在入口正面為凶

升降電梯或電扶梯在入口的正面處，並不好。應該位於正面的稍左或稍右，這是在設計電梯時必須注意的重點。

搭乘老舊電梯的時候，會有「這個電梯已經老了，不行了」的想法。

一棟建築物的老舊，從電梯即可得知。想要有一番發展的公司，如果位於新大樓則沒什麼問題，若是舊大樓，就得注意電梯狀況了。

電梯老舊、行動不良的大樓，沒什麼發展前途。也許剛開始幾年還好，但風水力越來越低，業績與工作情況也呈走下坡趨勢。

電梯以寬廣、高級感者爲佳。另外，入口及等電梯的大廳，其建築不可以粗糙。這一點相信大家都已經體會到了吧！與其在事後才後悔「早知道就……」，不如防範於未然。

樓梯間（緊急時候使用）應明亮、淸潔

由於電梯的普及，現在一般大樓樓梯均在緊急的時候才使用。

樓梯間以明亮爲佳，在樓梯間堆積各種物品，風水上看來並不好。從現實角度來看也一樣，任何人都知道，一旦樓梯間成了貯藏室，將成爲緊急狀況逃生時的阻礙，引發嚴重事態。

此外，樓梯不潔也會使運氣往下降。雖然不至於百分之百的運氣滑落，但你總不會不在乎一點一滴的運氣流失吧！我在造訪企業時，往往會特意利用樓梯，從來就沒發現樓梯乾淨的公司，其事業往下滑落的例子。請各位務必重視樓梯清潔。

神壇是重要風水點

抬頭看看沿街大樓，會發現有些人在屋頂搭鳥居，有些人則設置神壇，有時也會看見公司在入口附近設神壇，或擺創業者的肖像。

我的涉谷事務所在東急的總公司前面，東急總公司就在大樓出入口處設置五島慶太先生及五島昇先生的肖像。我大學畢業之後，曾經在東急建設工作一段時間，現在的我仍和以前一樣，每當經過肖像面前，很自然就會將頭低下。但據我觀察，像我這樣在肖像前低下頭的職員或往來人群，幾乎已不可見。

設置肖像的目的是什麼?

肖像是其公司的象徵。

雖然不能將肖像與公司同一視之，但設置肖像應該是創業者或公司經營者們，爲祈願公司繁榮與員工幸福而設。有人認爲，「神明本來就以大地爲根基，將神壇設於屋頂上不合道理」，但我倒認爲沒什麼關係。如果神明受到大家重視的話，即使將神壇設於屋頂上，神明還是很開心的。

如果你的公司有神壇，請你一定得重視它，該有的禮數不能少。員工中總有一、二人喜歡拜祭，不妨指派適合員工擔任此一工作。事實上，總公司在廣島的大手建設公司，其屋頂上的神壇就派有專人看守。

最近就有一家公司的負責人，在辦公室中設置神壇，並出驚人之語：

「神明監督公司」，真是了不起的一句話。

的確如此。我們在公司工作有職務的上下關係，但從整體而言，這個組織中的每一份子，對公司的心情應該是一致的。身份本來就沒有上下之別，只是立場不同而已。在公司的神壇之前，負責人以下的新進員工，全部都是平等的。

有關於公司的神壇，還有如下想法。「對宗教太迷了」、「公司還拜什麼神」。其實，這不是過於著迷，只是爲表達感謝的祭拜。

最近設置神壇的公司增加不少，祭祀防鬼門牌位或消除方位障礙牌位的公司也很多，我認爲這樣很好。像這樣祈求公司發展的心情，可以增加風水的威力，創造更好的環境，不是嗎？

眼睛所看不見的風水學，用這種心情來掌握，一定可以使公司繁榮。你沒想到這也是一種吉相吧！而且可以捕捉稍微不足的大地之氣。

我在世田谷事務所的入口鬼門方位，也祭祀著三宅大神。

根據我的觀察，最近在神壇面前將頭低下的人增加了。以前幾乎所有人都不在意地經過，現在則有人在神壇前立正低頭，也有人在水槽洗手漱口後，再到神壇前雙手行禮。不可思議的是，這些人往後的關係都很良好，造訪次數也一直增加。我認爲這是提升運氣的好方法。雖然神奇，但卻是事實。

關於這一點，我從風水觀點談一談。

在神壇前自然將頭低下的人愈多，公司愈繁榮，而且，愈多這種人進出公司，公司愈有發展。鬼門是神明的通道，換句話說，就是代表重要的方位，我便是在公司東入口旁的東北（鬼門）方位，設置神壇。

不少人認爲神明喜歡裡面安靜的場所，我也贊成。如果是公司的話，在入口附近設置神壇祭祀神明，我認爲也很理想。

三角形或圓形大樓的風水如何？

最近經常發現新型式大樓出現。不但形狀出奇，連外牆都使用新材質。

例如，木質百葉窗、石頭、塑膠等等。更有在玻璃上貼遇熱或光會反射的貼紙，看得人眼花撩亂的素材出陳佈新，什麼都有。

我看辦公大樓有幾個重點，其中最重要的就是陰陽調合。

陰陽調合指的是面積與高度的平衡。高度與面積的理想比率爲10比1。

至於外部，窗户面積與牆壁面積爲1比1，從陰陽角度來看，這就是一棟好大樓。

再談到顏色，暖色屬陽、寒色屬陰，白色則屬於中間，比其閃閃發亮的東西。那些不反射、不吸收，正好屬於中間的色調就比較好。

紅、黃之類色彩鮮艷的大樓，最近增加不少。

我在想，這是不是和我提到『黃色是使財運順利提升的顏色』有關?大樓配色端看個人喜好，但大型建築物最好避免這類誇張色彩。

就形狀而言，三角形或圓形都稱不上好。圓形建築全部爲「陰」的形狀，可能缺乏發展。三角形則全部爲「陽」，不夠安定，只全力於向外進攻，卻忽略了內部各項建設。

四角形建築物、長方形建築物比較沒什麼問題，但應不是這二種就一定好。必須讓人感到外觀清爽、舒服的建築物，才是風水上的好建築物。

種植植物也需要陰陽調合。建築物爲陽、庭院爲陰。住宅的場合，建築物與庭院的比

這是理想的風水大樓

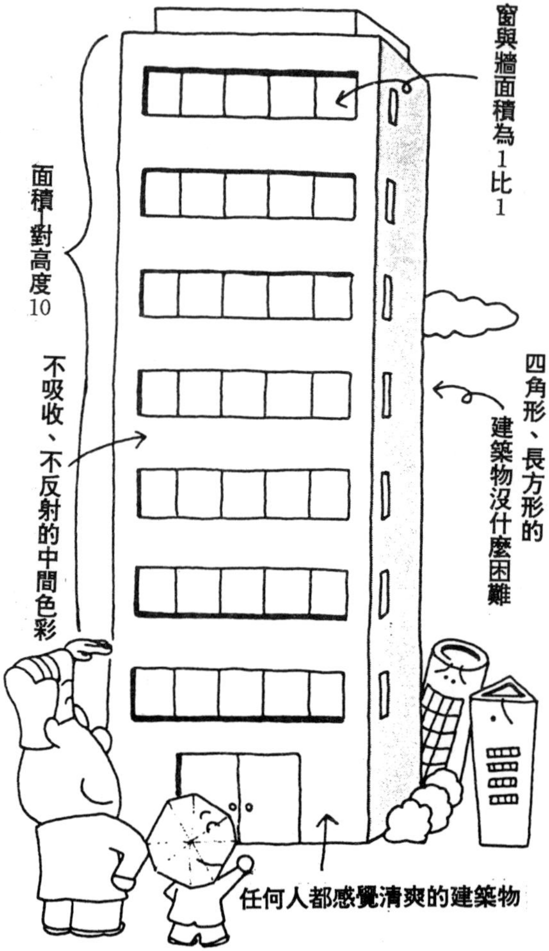
窗與牆面積為1比1
面積1對高度10
不吸收、不反射的中間色彩
四角形、長方形的建築物沒什麼困難
任何人都感覺清爽的建築物

率爲6比4，十層以上大樓則爲8比2，十層以下大樓爲9比1。如果外部沒有可供種植的綠地，則請利用大廳或各樓電梯間擺設植物，製造陰的力量（安定）。

「風水大樓」擁有者必可成功

在日本，依照風水蓋房子的歷史還很短。其實這種說法不完全正確，應該說全面運用風水之日尚淺。實際上，自古即有利用風水蓋大樓的情形。

但總是這邊碰一點、那邊碰一點，沒有全盤運用風水學問。反過來說，全面運用風水蓋大樓者，其大樓所有者無一例外，一定成功。但絕不是像在香港施工那樣，例如，在牆壁挖一個洞做出特殊造型，就認爲這是風水。

香港是香港、日本是日本，沒有地震的香港和地震國家日本，環境一定不相同。

我提過不只一次，風水是環境開運學，絕對不可無視氣候、地質等現象。

各位上班族朋友們，請利用本章介紹各部份詳細檢查公司的風水，看看是不是有發展的潛力。如果你的公司正在成長階段，則一定可找到許多與本章所述風水一致之處。在這種公司上班，你很容易達成人生目標，也很有希望找到知心伴侶。

第2章

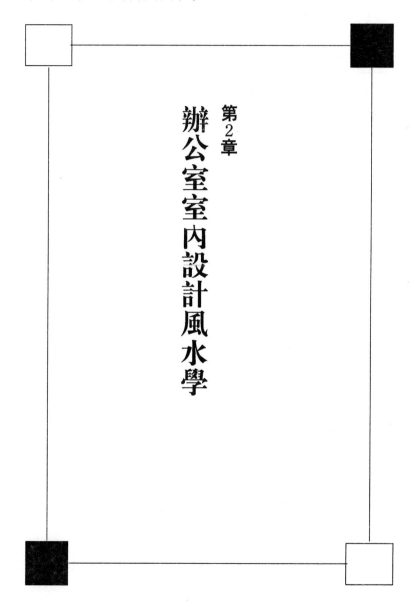

辦公室室內設計風水學

本章將與您一起探討辦公室周圍的物品，亦即辦公桌、辦公椅、電話等小東西的風水。不用說大家也知道，這些東西是決定辦公室環境的重要因素，也是左右成功與否的大力量。請各位務必活用，相信一定可以提升你在工作上的運氣。

辦公桌——寬大的木製品最佳

辦公桌椅代表一個公司的格調，太過寒酸的辦公桌椅很難期盼在工作上發揮什麼效力。因此，辦公桌還是以寬大爲佳。

辦公桌設置的方位不同，其所吸收的能源也不同。辦公桌的東西南北，是以你坐在位置上時，你的位置就是南，辦公桌的朝向是北，右手側爲東，左手側爲西。右側的辦公桌，其東側力量強；左側的辦公桌，則西側力量強。

至於辦公桌的材質，建議各位採用木製品。不僅對於使用者本身，還可爲全辦公室帶來安心感。即使使用鋼鐵製品，也盡量選用亮色系。

最近爲了配合辦公室空間設計，出現許多奇形怪狀的辦公桌，如L字型，Y字型等各種型式都有。不論哪一種，首重與整個辦公室呈現調和狀態。此外，寬廣的空間只放少數

辦公桌也有方位

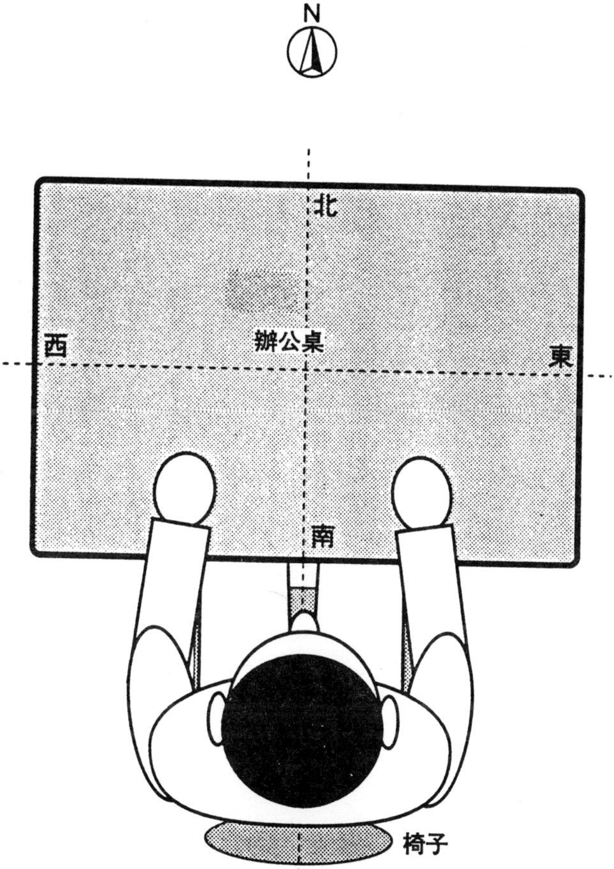

右側辦公桌的東方威力強、

左側辦公桌的西方威力強

辦公桌，會使威力下滑。反之，在狹窄的空間裡擺著擁擠的辦公桌，也不是好現象。從工聳效率與使用方便程度來看，辦公桌的收藏能力也是必須充分考量的一大重點。

最近流行一人區分一小空間的半隔間式設計。這從尊重個人工作方面而言，是相當人性化的設計。從美國、歐洲電影上發現，他們的辦公室往往是一人一個房間。我十年前就有這種設計構想，但這種辦公室的缺點是，除了有能力者，其他人好像都沒有什麼事可做。如果是能力强的人，擁有個人空間當然很好，否則，還是在寬廣的空間陳列辦公桌，聚集全體力量較好。

辦公椅——顏色配合地板

辦公椅的顏色、形態，例如，扶手或沒有扶手，其威力自然不同。辦公室使用的椅子，首重使用者不易疲勞。但根據我的觀察結果，還是盡量使用豪華、大型辦公椅爲佳。

關於顏色部份，有綠色系、灰色系、黑色系、紅色系、藍紫色系等等，依方位不同，有其相性佳的顏色。但一般而言，最好配合地板顏色。

大致說來，太過耀眼的顏色並不被接受。現代辦公室最好以綠色爲基本色，使整個辦公室呈現均衡感。

就職業別來看，一般事務性質公司，以綠色系、茶色系爲佳。企劃或嘗試新事業的公司，則可使用紅、藍紫等大膽顏色。

筆記用具——使用好品牌可提升運氣

很多人所使用的筆記用具，是由公司所發給的。但我希望各位至少自己準備一、二支品牌良好的原子筆或鋼筆，因爲如此能帶來好運。

由於我了解使用好品牌可以開運的方法，所以三十歲過後，我就一直使用優良品當做書寫工具。現在也有不少年輕人習慣使用有名氣的書寫工具。這在風水看來是好事情。寫字時用優良筆記用具，這種感覺是事業成功不可或缺的。

我曾在紐約購買K金「克羅斯」原子筆。現在只要我到吉方位旅行時，就會買一些這類筆記用具。如今我的辦公桌四周放有許多相當不錯的筆記用具。各位不必一次購買太多。希望在往吉方位旅行時，爲工作投資一些心血吧！

另外，鉛筆盒等也希望使用陶器或金屬製品。桌上的小東西都是爲了提高自己在工作上的運氣，最好盡量使用優良品。只要你好好使用這些小東西，必能在工作上更得心應手。

電話——基本上置於東方

電話的形態漸漸在變，但請各位記住，電話放置的方位不同，其產生的威力也不同。與資訊有關的方位在東方，所以將電話放置在東側，比較能夠得到優良情報、訊息。

電話不再只是公司的配置品，從今天開始，你必須往自己擁有專線電話方向努力。

最近隨身攜帶行動電話的人有增加的趨勢。行動電話可以以最快速度提供資訊。隨身攜帶行動電話者本身必定具備積極性、時代性，也象徵著想要得到情報的心理，因此，值得各位使用。

公文夾——使用幸運顏色分類

以前，有關整理法的書本很暢銷。雖然大家都知道，將檔案、書籍分門別類整理，可以帶來工作上很大的方便，但是做到的人卻不多。分類也有許多不同方法，而整理檔案的公文夾，也可運用在風水上。

整理時可將有關管理的書籍、金錢的書籍、在工作上事半功倍的書籍等放在黃色公文夾。想在企劃上成功的人，則使用紅色公文夾。需要他人承諾者，使用綠色公文夾。稍微保留的資料，則用黑色公文夾。如此依照自己願望使用幸運顏色。

公文夾的顏色會爲你帶來不同方面的威力。爲了工作順利，希望你善加利用。

名片——名片夾帶來好運

身上帶著印有公司名稱的名片時，公司的吉凶便對你產生直接影響。同樣是印著公司名稱的名片，爲什麼員工的運氣有好壞差別呢?重點就在於放置場所與名片夾的顏色。

先說名片放置的場所，一般職員最好放在右側最上方抽屜，或者右側桌上。高級幹部則放在左側抽屜（不分上下），或者左側桌上。

名片夾則使用黑色、紅色、茶色或綠色系。黑色名片夾請往公司北方或西南方的商店購買，紅色名片夾往東方商店購買，茶色系名片夾往西或西北方商店購買，綠色名片夾往南方或西北方商店購買。如此必能提升你的工作運氣。

花——四色組合最有威力

花是你促進人際關係的幸運物品之一，粉紅、紅、黃、白或藍這四種顏色組合的花朵，尤其能展現出超强的威力。

許多公司喜歡在入口大廳或會客室擺鮮花、藉以營造出豪華的氣氛。但這時候，花的量必須多才能顯出效果。如果再加以燈光照射，更能發揮花的威力。

花更是戀愛、結婚的聖品。有此心願者，不妨在自己的辦公桌擺些花。鮮花最佳，如果沒有鮮花，用塑膠花或花畫也可以。

觀葉植物——放置場所、大小為問題所在

觀葉植物是比花更好利用的東西。風水是環境學，在辦公室放置鮮花或植物，對環境帶來的良好影響大家都知道的。

綠色能令人安定。對於工作疲勞者，能帶來一絲新意，不僅對腦部有效，對眼睛也很好。

但請注意放置場所。大型觀葉植物不能擺在辦公室中心。小辦公室一定要避免擺設大型植物。因爲這麼做，觀葉植物便成了辦公室的主角，本來應該歸你使用的威力，卻爲植物所奪去。

請試著在房屋中心放置觀葉植物。你將發現，原本缺乏生氣的綠色，變得生氣蓬勃。因爲不論哪一種辦公室，中心都屬於幸運區。

只要避開中心，其他任何位置均可。但如果是缺乏隔間的場所，或者想提高威力的方位，則更可顯現效果。此外，對於辦公桌不在幸運線上的人而言，這也是提升運氣的良方。

鏡子——置於入口正面將使運氣逃開

鏡子具有反射作用。所以不可以在入口正面或一打開辦公室的正面放鏡子，否則，好運氣都被鏡子反射回去了。

有些公司在進出口的門上掛鏡子，這在風水學上來講也不好，因爲容易掉下或破裂，造成危險。但時鐘門內的鏡子不在此限。

傳眞機——情報機器位於東側

傳真機能提高工作效率。現代辦公室幾乎已經不能沒有傳真機。我個人也是受惠者，拜傳真機之賜，不要說在日本境內，就算行到世界各地，傳真機都能爲我解決許多工作的困擾。

傳真機是傳達情報、資訊的機器。東方是資訊相關方位，因此將傳真機放置在東側，你應該比較容易得到好資訊。

書架——不適合放重要物品

從風水上而言，書架具有「保管、預備」的意義。重要文書放在書架上，則表示這些文書擔任預備的任務，也許在你需要的時候，卻找不到它。重要文件應該鎖在櫃子裡，或者整齊擺在桌內。

也有不少公司用書架來隔間，但請一定要固定妥當，否則地震時就危險了。另外，在風水上將用書架隔間的辦公室空間，視爲單獨辦公室。

冷暖氣機——決定「氣」流的重要項目

基本上不要安置於入口的正面或東—西、南—北線上。

辦公室的溫度調節很重要，空氣的流通對風水而言是相當重要的。但對大部份辦公室而言，讓風直接內外流通，似乎不太容易。這時候，就得使用空調系統了。香港往往在天花板中間吊個電風扇（吊扇）。香港人認爲此舉對辦公室環境有利。但在日本，卻不必模仿香港這種做法。比起香港一年當中將近半年的酷熱日子，日本要算寒冷許多了。

月曆、計劃表——要用的話就選擇大的

由於手記的流行，現在月曆、計劃表已漸漸從辦公桌上消失了。但如果你想使用的

話，就奉勸你選擇大型高級品。尤其是大型辦公桌的話，必須有相配合的物品。外型相稱之後，還得留意內容。如果光記載一些無關緊要的瑣事，譬如和女朋友約會等等，則難得的運氣也會化爲烏有。必須有與外型相當的內容才好。

時鐘——放置位置是吉？凶？

在辦公桌上放置個人時鐘的情形也很多。一般而言，手錶就夠了。但也有放置時鐘是爲了提升運氣的例子。放置時鐘的吉凶首先看外型，人物造型的可愛時鐘並不好。也許當事人是爲了想製造一些輕鬆氣氛，但與辦公室整體氣氛並不配合，也達不到什麼效果，最好使用圓形或四角形小時鐘。

接下來是顏色。白色的話就沒什麼問題，至於其他顏色，就得在放置場所下工夫了。首先是紅色，應該放在右手側，藍色也一樣；黑色、灰色放在正面；綠色、茶色放在正面左手上方；至於黃色、粉紅色等，則置於左手中央處。

檯燈、照明器具——運氣不佳則更換新品

辦公室照明已經從直接照明進步到間接照明了。照明不但影響眼睛健康，而且左右你的運氣。如果你覺得運氣不太好的話，不妨試著檢查照明設備，在辦公桌上擺一盞檯燈。

檯燈應該放在可以提高運氣的方位。想使財運提高則擺西側；想增加靈感的話，就在南方擺二個相同物；想提升人際關係、戀愛運的人，則將檯燈置於東南方。至於檯燈形狀，一般而言，圓形適合人際關係、四角形利於工作關係。

如上所述、在適當位置擺設適當物品，然後將光源朝向自己即可。

常常看到有人在檯燈上貼計劃表或留言條，這不但對眼睛不利，還會使好運逃掉。留言條之類請利用專用的留言板。

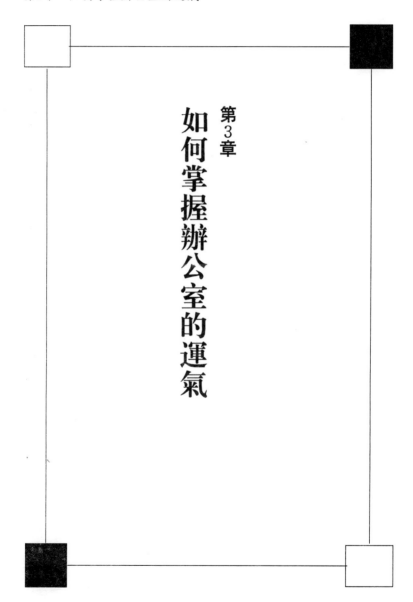

第3章
如何掌握辦公室的運氣

第二章詳細敘述有關辦公室各項必備用品的風水威力，相信各位已經了解其重要性了。

本章將就你所身處的場所，亦即在辦公室的位置，以及辦公桌周圍的環境風水加以討論。

辦公室的什麼位置，適合什麼工作？

從辦公室入口看去的哪一方位做事較順利？

樓層是高或低。

應該在哪一種辦公桌工作？

一般人對這些都不太在意。

對我而言，這些人屬於感覺遲鈍者，等於將自己置於毫無防備的狀態。

事實上，依你所處場所環境之不同，發揮出來的威力也有很大差別。

檢查辦公室空間的風水

你的工作性質是什麼？辦公室氣氛如何？公司對你有什麼期望？了解以上事項是發揮

風水威力、使運氣上升的第一步。

雖然你積極、勤奮地在業務方面下工夫，但你的辦公室本身卻傾向於事務性，而你的位置也適於文書處理人才方位的話，則不管你怎麼努力於業務工作，業績都無法提升；相反地，如果你的辦公室傾向營業性，辦公桌也適於營業人才使用，則風水威力將使你達到事半功倍的效果。第一名營業員的理想很快就會實現。

這種現象對於抱持結婚夢的女性上班族而言亦然。雖然滿心期待早日遇到合適對象，辭職在家相夫教子，但不知為什麼，機會卻一次又一次地溜走。只要妳用心注意一下，即可發現這是有原因的。總而言之，辦公室本身方位，或者你在辦公室的位置，在婚姻方面，必定處於威力較少的一方。

你是在什麼樣的辦公室上班？你的座位是在什麼方位？辦公室是你的助力嗎？

在此，我們先就辦公室本身的氣＝威力方面加以說明。

如果你與辦公室的相性佳，而且辦公桌位置很好的話，就沒問題了。

雖然不太清楚自己的方位，但如果你一直覺得不太順利，感覺不合的時候，倒也不必太灰心「在這個辦公室裡毫無希望」。

為了各位失意的上班族，我在此公開提升運氣風水術。即使你不換公司，也能藉由改變辦公桌使運氣提升。只要你照著本書所叙述方法進行，即使辦公室本身不太好，你應該也能在工作或婚姻上稱心如意。

幸運區最重要

我再三提到『幸運區』，指的就是旺氣流經的部份及機會多的場所。

事實上，這就是所謂的辦公室風水術。

辦公室和住家一樣，均是由入口經過中心，然後取對角線的方位爲『幸運區』。這條線上區域是最佳氣流所在。

現在問題是，辦公室的幸運區在何處?辦公桌是不是在幸運區上?先來找找辦公室的幸運空間吧!之後再檢查看看辦公桌是否在這個空間內。光是坐著想是想不出好運氣的，現在就行動吧!

入口方位之幸運區

點線部份即幸運區

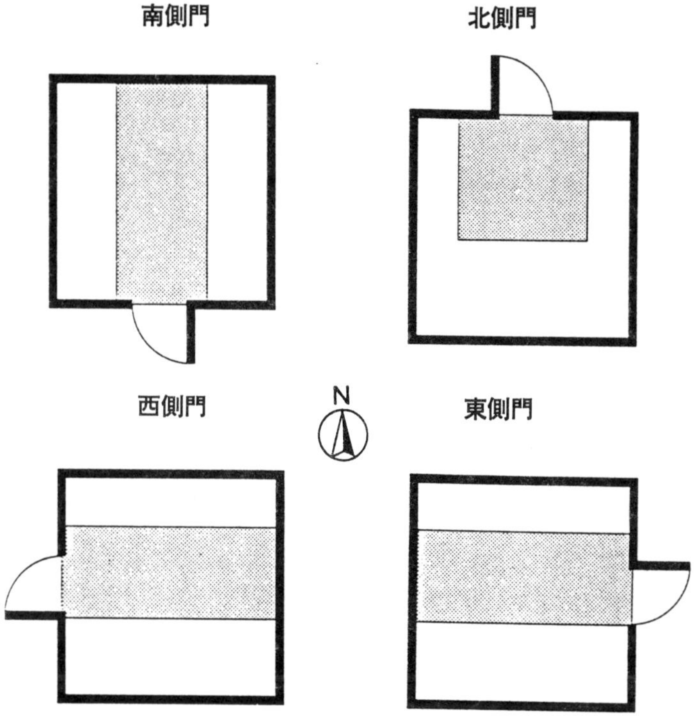

從風水而言，所有的幸運之氣都從入口（2樓以上則是從常用的樓梯或電梯）進入建築物內部，房間的場合，則是從大門進入（大門有2個以上的話，以較常使用者為主）。

從入口流進來的氣，通過中心後往對角線方位移動，只有北入口例外，北方入口的能源比其他方位弱，所以無法達到對角線的另一端，只大約到中心就消滅了。

此氣的通道即為「幸運區」，幸運區的幸運之氣強，在此處的時間愈長，接受幸運之氣所產生的作用也愈強烈。

〈其他例子〉

北側門

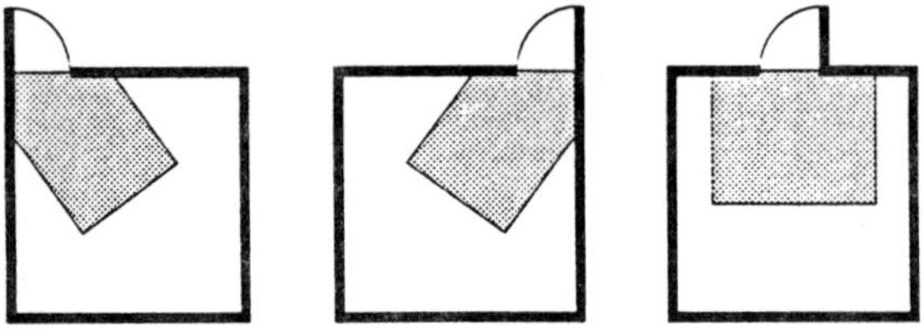

東側門

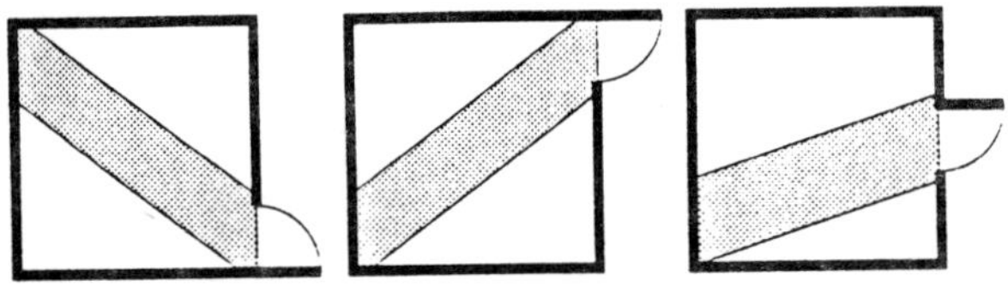

南側門

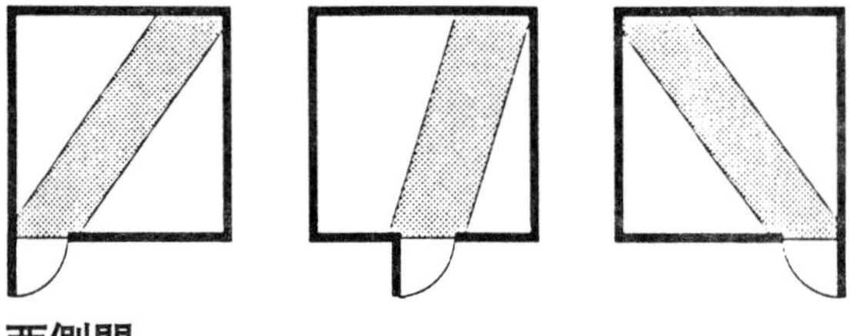

西側門

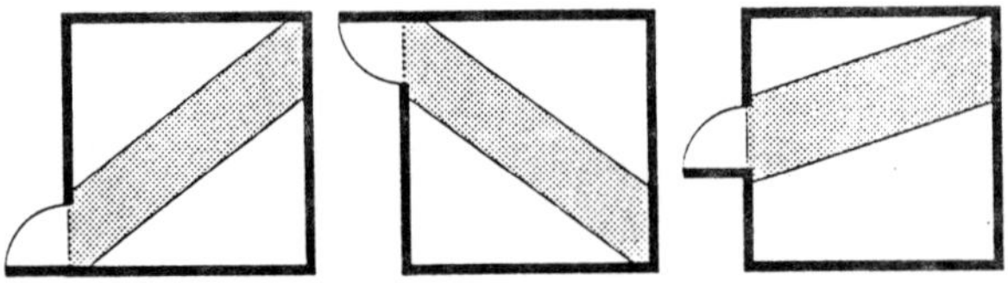

大樓每一層都有幸運區

有些大樓的一層樓內就有幾間辦公室，甚至好幾家公司。也許你們公司有好幾個部門都集中在同一樓。在這種情形下，最重要的是看你的公司或你的部門是不是位於本樓層幸運區內。

幸運區是指「從入口處得到好氣流」。每一層樓都一定設有一個入口，所以每一層樓都一定有一個幸運區接受幸運的氣流。

幸運之氣和人一樣，都是經由道路而來。順序是從入口處開始，先進入大樓內部，然後穿過走廊或樓梯、電梯，最後來到各個辦公室。因此，一個樓層內的幸運區，可說是從入口或樓梯、電梯流入的好氣。

各樓層的幸運程度一定

請先看下圖。

電 梯 在 東 側 的 場 合

斜線部份是幸運區

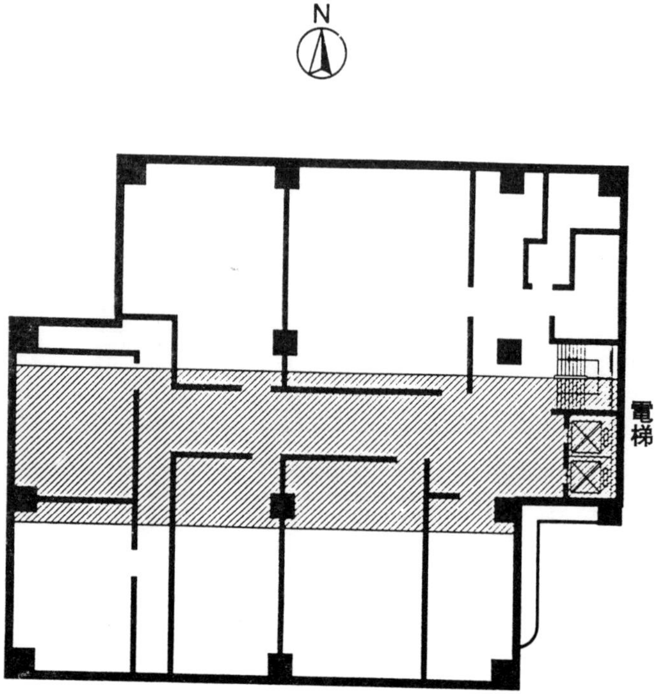

電梯在東北側的場合

斜線部份是幸運區

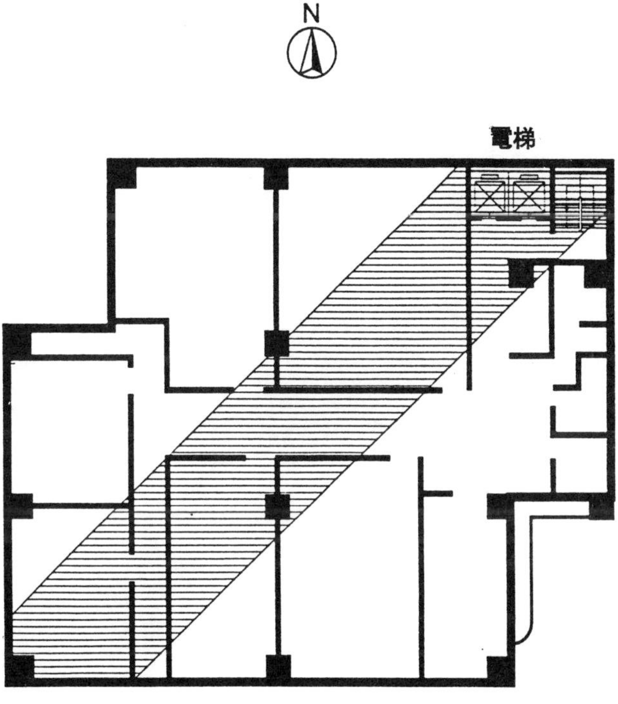

電梯在東側的樓層，走廊兩側有房間。此樓層的幸運區位於斜線部份。換句話說，此樓層的幸運之氣來自東側的電梯。

這種情況下，所有的房間均位於幸運區內，每個房間均得到相同的氣流。像這種樓層比較容易接受到幸運之氣。

如果電梯在東北角的情形又如何呢？我們來找找看幸運區。如果使用東南角的公司，或西北角的辦公室，很可惜，均非幸運位置。

同一層樓也許有多種不同種類公司存在。也許同一公司的不同部門同處一樓層。這時候，請檢查自己的公司或部門是否在幸運區內。

位於幸運區內的辦公室或部門，可以藉吸收的方位之氣，產生良好作用。如果位於幸運區外的話，就比較容易產生凶作用。

幸運區內外產生的作用大不相同

位於幸運區內與非位於幸運區內的公司或辦公室，即使其位於相同方位，但風水力量對辦公室所造成的作用程度大不相同。

東北方位辦公室位於幸運區上的話，與東北威力有關的幸運會造訪。例如，變化强烈。在此之前表現平平的業績會急速上漲、錄取到年輕有幹勁的男性職員、公司規模擴展等情況。以上僅是舉個例子，表示容易出現這種效果。此均拜幸運氣流之賜。

那麼，非位於幸運區上的東北方位辦公室又如何呢？例如，人員總是安定不下來，公司一家接一家地換，員工容易發生事故或受傷等等，容易產生負面作用。以上所述僅爲一些例子而已。往往表面上看不出什麼原因，事實上卻其來有因。

位於東方、幸運區上的辦公室，容易發展、有前途、新企劃一個接一個地出籠。如果不是位於幸運區上，則員工沒有幹勁、流動性大、公司雖有新計劃、好企劃，卻很難付諸實現。

東南方辦公室，位於幸運區內者，人際關係良好、銀行信用提高、各方風評都不錯。反之，則容易受到來自各界的批評。

南方辦公室，位於幸運區內者，能得有才能員工、獲得好名聲；反之，容易打官司、與人爭吵、違反契約等等，事故一再發生。

西南方辦公室，位於幸運區內者，很容易得到孜孜不倦的員工；反之，容易用錯人，或者買一堆沒有用的書籍、古物、商品等等。

西方辦公室，位於幸運區內者，非常穩定、財運佳；反之，頻頻失財，容易引發商品等糾紛。

西北方辦公室，位於幸運區內者，可以遇到貴人相助，發展成爲大公司；反之，沒有什麼外力支援，大客户總是擦身而過。

北方辦公室，位於幸運區內者，管理嚴密、會有好計劃出籠；反之，容易失財、無計劃。

如上所述，是否位於本樓層之幸運區內，會對公司帶來極端的作用，其導致的結果截然不同。幸運區的影響力就是這麼强。

依部門區分最佳場所

現在談談一個樓層當中有其他公司或各種部門的情形。這時候，著眼重點也是在於自己的部門是不是在幸運區內。

如果在幸運區內，你就可以放心了。如果不在幸運區內，可能就會發生「麻煩事」。

一般而言，同一個樓層區分一個部門最佳。但如果有二個以上部門的話，就必須依管理、企劃等工作性質劃分適當場所了。

與管理有關的部門，最好位於北側或西側、西北側。至於營業、企劃、服務等相關部門，最好在東側或南側、東南側。

請看下頁圖。

以鬼門、裡鬼門區別爲二方位。北側、西側爲陰方位，南側、東側爲陽方位。與管理、文書相關的部門，應該位於陰方位。與營業、企劃、服務有關的部門，適合設於陽方位。換句話說，如果你的部門位於適當方位，而且在幸運區內，那就太好了。

從公司整體來考量，營業主體公司應將營業部門設於幸運區內。以管理爲主的公司，則應該將管理部門配置在幸運區內。

順便提及各部門內裝潢設計問題。

與管埋、文書有關的部門，安定、穩重的感覺很重要，可利用暖色系裝潢。與營業、企劃相關的部門，則可利用綠色系，或使用醒目一點的顏色，例如，紅色提高工作人員的精神。一般而言，使用亮色系的辦公室比使用暗色系的辦公室好。依部門之不同，提高運氣的方法也不同。請各位自行參照前述方法。

依陰陽配置部門

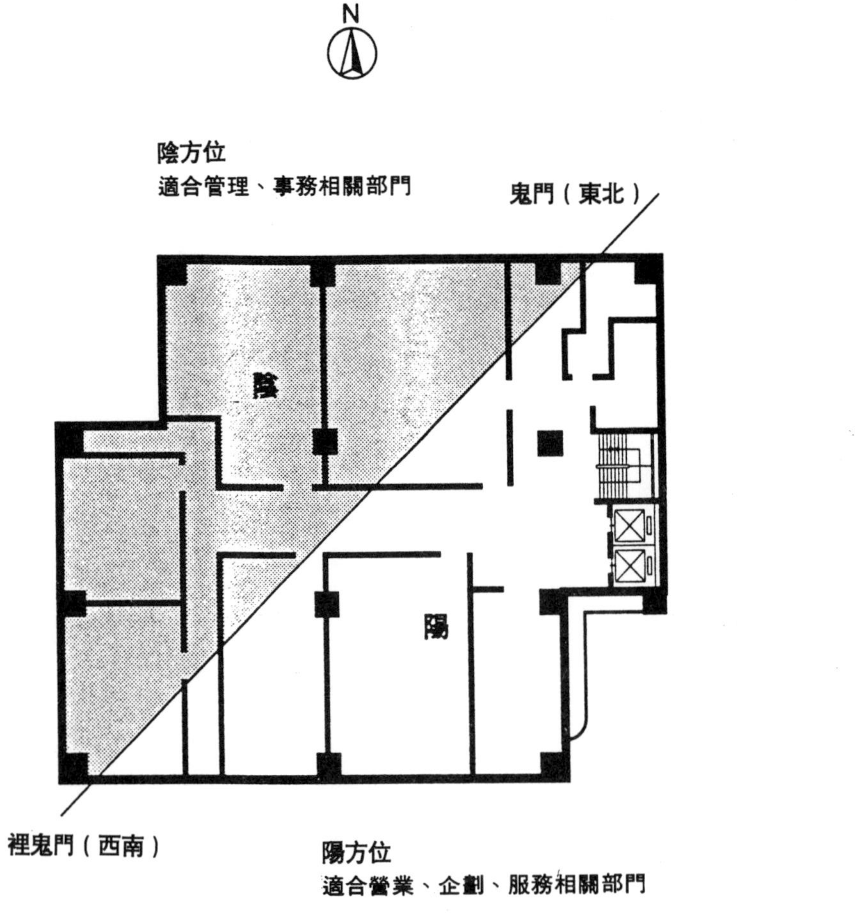
N
陰方位
適合管理、事務相關部門
鬼門（東北）
陰
陽
裡鬼門（西南）
陽方位
適合營業、企劃、服務相關部門

辦公室的運氣決定於入口位置

本段落將討論你的辦公室運氣如何？你在辦公室的人際關係如何？戀愛運氣如何？該注意什麼事項等等問題。

辦公室的出入口位置，是從辦公室的中心看過去，位於東、西、南、北的哪一個方位？

首先，從辦公室中心點來看，出入口的門位於哪一方位，可分爲四類型。亦即「入口在東側的辦公室」、「入口在南側的辦公室」、「入口在西側的辦公室」、「入口在北側的辦公室」等四類型。

前項所解說的是辦公室方位容易產生的作用。以下則是以你的辦公室爲中心。看出入口大門位於哪一方位，判斷是否爲幸運公司。

不管你的辦公室是否位於大樓內，均可適用此法。換言之，本方法所說的幸運區，是指辦公室本身的幸運區，而不是各樓層的幸運區。請各位先釐清這個觀念，不要弄混淆了。

東入口辦公室——年輕人有幹勁

出入口在東側的辦公室，不用說，東側的運氣容易進入辦公室。

東方的威力是喜歡新鮮，容易有新企劃出籠、與其他公司一較勝負的人增多，不管從哪一個角度而言，都是適於年輕人的公司，最好與年輕人保持良好關係。另外，公司內部的人際關係固然重要，但對外的人際關係更是重心所在。它是提高運氣不可或缺的因素，兩者緊密結合，不可忽略了。

有關戀愛方面，不論男女，應該都是贏家。一旦發現新進人員有吸引你的對象，就立刻採取行動，否則機會稍縱即逝。

在此方位的辦公室當中，如果你的房間又是位於幸運區上，那真是可喜可賀。你有向新事物挑戰的意志。不但滿足自我慾求，還能夠得到周圍良好的評價。在工作上表現出色。如果超出幸運區，則可能被置於不起眼的位置。自己的企劃雖好，卻不怎麼行得通，或者被他人盜用等等，往往是白忙一場。

預防之道就是將辦公桌移至幸運區，或盡量往幸運區旁移動。如果沒辦法這麼做，就在辦公桌上放置觀葉植物。東方與電子機器、電話、時鐘等相性佳。你可以坐在這些機器旁邊。在辦公桌上放置電話，電子鐘也很好。還可以在椅子上放置紅色或藍色椅墊，這也是增强力量的一個好方法。

此外，東方必須要有挑戰新事物的能力，所以盡量學習新事物。桌上用品、筆記用具也請更新，採用優良品質用具。關於這一點，不論你是否位於幸運區內，均可以通用。

服裝盡可能醒目，在辦公桌上插一朵紅玫瑰，也是不錯的方法。

雖然幹勁十足，卻往往白忙一場時。最好在使工作運提高的飲食方面下工夫。食用酸的食品、新鮮魚類、紅色食品等。例如醃漬泡菜、生魚片、番茄沙拉、酸梅都很適合。如此應該可以使風水威力向你移動。因爲這些是與東方位大門流入的幸運相性佳的食物。

北入口辦公室——安定、能發揮力量

北側入口的辦公室，其幸運流入量比其他方位少。相對地，流出量也少。因此，可以說容易依照自己的實力發揮力量。

如果位於幸運區內，請活用學習到的知識。不是在對外方面，而是在公司內部文書處理，系統流通方面嶄露才華。相信你必可在工作上注入新生力量，大大提高成功的可能性。

北入口的辦公室，幸運區稍微窄了一些，幾乎只有正中央可以用。所以，與其將辦公桌擺在入口對面，不如置於靠近入口的這一方。如此一來，運氣本身比較會向好的方向流動。

人際關係方面，希望你不要背叛上司或部屬，誠實地工作。當然，並不是指你會故意背叛他們，而是往往會因疏忽而產生誤解。請特別注意自己的人際關係，不要被他人誤會才好。

就辦公室整體而言，照明是不可忽視的一環。稍微亮一點比較好。

在這種辦公室工作的人，對於新事物往往出現膽怯的毛病。如此一來就缺乏發展性，好像向後退一樣。希望你經常翻閱新雜誌，吸收新內容，思考自己的公司或自己的工作應該往什麼方向前進。經常考慮有關將來的前途，吸收新資訊才能從事新工作，你的工作才有發展性。這才是你最應該做的事。

還有一點也很重要，就是你必須一改新進公司的心態，以開朗、積極的態度工作。

穿著方面，應該刻意修飾，呈現出高貴的感覺。當你覺得不順利的時候，不妨穿著白色衣服上班，可以提升你的運氣。

至於戀愛方面，不會和太多異性交往。和某人交往後便寄予信賴，而且深信不移，交往長久。

如果你的辦公桌不在幸運區內，則盡量靠近照明器具，或者在自己的桌上放置檯燈，如此可打開你的運氣。但最佳方法還是盡量往幸運區移動，這樣比較能吸收幸運之氣。

北入口辦公室的人，應該攝取使北方運氣提升的食物，或使人際關係良好的食物。例如，豆腐、生魚片、小魚、麵類等等。

婚姻如果不是由上司介紹，恐怕有些困難，怎麼說呢？因爲北入口辦公室幾乎沒有結婚運。很多女性往往同進同出，北入口辦公室的女性，如果想早一點結婚，最好單獨上下班，不要攜伴同行，否則必然留下悔恨的一生。

南入口辦公室——光的力量可以提升才能

南側入口的辦公室，利於技術及企劃方面發展。

位於幸運區上的人，能夠得到這方面才能的眷顧，而活躍於工作上。但不是位於幸運區上的人，挫折就多了，總是有志難伸。

你對才能所下的定義是什麼呢？一般人認爲能夠發揮自己的能力，就叫『有才能』，不能發揮自己的能力，則爲『無才能』，我則持不同看法。

我認爲，「能夠得到世上各種情報，自行分析組合後，以最好的形式呈現出來」，這才是『才能』的含義。

苦於「提不出新企劃、新設計」的人，應該認真思考才能的定義。

南入口的辦公室，工作人員有與人一較長短的決心。但對於同一件事情，卻缺乏愈挫愈勇的耐心。位於幸運區上者，可在兩者之間得到一個平衡點，否則，就容易引起外界的批評。

不是位於幸運區上的人，建議你在十二點左右，走出户外吸收陽光，或靠在南側窗户邊進行日光浴，如此可吸收南方力量，提升運氣。

南方與金屬相性佳，請巧妙地利用閃閃發亮之物，或不鏽鋼製品佈置你的辦公桌。例如，金屬相框、金屬製檯燈等物品，都是簡單可得之物。另外，筆記用具採用發光顏色，或者鞋子擦得閃閃發亮，都是利於吸收南側威力的好方法。

關於飲食方面，爲了提高才能，最好多吃些牡蠣、蝦子等食物。

當你覺得不順利的時候，請著白色衣服上班，或做綠色系列打扮。

對於女性而言，從事技術性方面的工作，比較有機會與同業接觸。最好以與自己相同工作者爲目標。即使這些人在年齡上比你稍長，也不必擔心，你們應該是相稱的一對。

西入口辦公室——「浪費」是重要關鍵

大門於西側的辦公室，如果位於幸運區上，則精於說話技巧，每天工作愉快。金錢上也沒什麼不足之處。

但若是非幸運區，則容易引起金錢、男女之間的糾紛。

西方具「遊玩」、「飲食」的影響力。如果位於幸運區上，食用商業午餐會提高營業運氣。若非位於幸運區內，則請在提高本身品味方面加强，也就是努力充實外在。

例如，上班穿著名牌服飾、辦公桌擺設品稍微浪費一點也沒關係。小東西不要太在意金錢，「浪費」對西入口辦公室之非幸運區上者而言，並不是壞事。反而在玩樂、飲食方面花錢，可以提升整體運氣。運氣不好的人請著粉紅色、綠寶石色衣服上班。

女性若想早日出閣，南方入口辦公室爲吉。反之，如果進入公司後沒有立刻吸引異性，則往後男性都只成爲擦肩而過的對象而已。

高樓層辦公室與低樓層辦公室

最後是有關樓層高低的風水術。

高樓層辦公室的重點在於能否看見山或海，景色是否優美。如果辦公室窗外緊鄰別棟大樓，或看見在道路上行駛的車輛，則無法期待運氣上升。鄰層樓房愈高，對本身運氣的壓抑性愈强。總之，良好景觀對高樓層而言是重要條件。

辦公室樓層的高低，依工作內容不同，對運氣是否提升是一大影響。營業相關工作，最好在低樓層。不但大地之氣可以提升營業力，而且低樓層進出方便，對於營業性質工作是一大助力。

與管理有關的工作也很需要大地（土）威力，最好不要太高樓層。高樓層的大地陰力不足，但來自太陽的陽力較大。因此，需要靈感、企劃方面的工作，反而在較高樓層較好。

化解工作不順利的辦公桌風水術

有人感嘆，進入公司這麼多年，工作表現一直維持在水平狀態，沒辦法有突破性進展。這也許和風水有很大的關係。

因此，如果你工作了十年、十五年，依然在原地打轉，請你從下列談話找出屬於你的原因，並且確實實施我所介紹的方法。這就是掌握風水的『三角形理論』的簡單方法。

●與設計、企劃、室內裝潢有關的場合

利用使南方威力提升的辦公桌。

方位看法以自己座位爲南、右手側爲東、左手側爲西、正面爲北。

將南方視爲一個三角形的頂點。另外二個頂點是西北、東北。這二個角當成辦公桌的二個角。請將與自己工作有關的物品，例如，企劃書、文具用品等，裝在綠色盒內置於此處。

辦公桌解套法〈I〉

在斜線部份
放置紅色物品

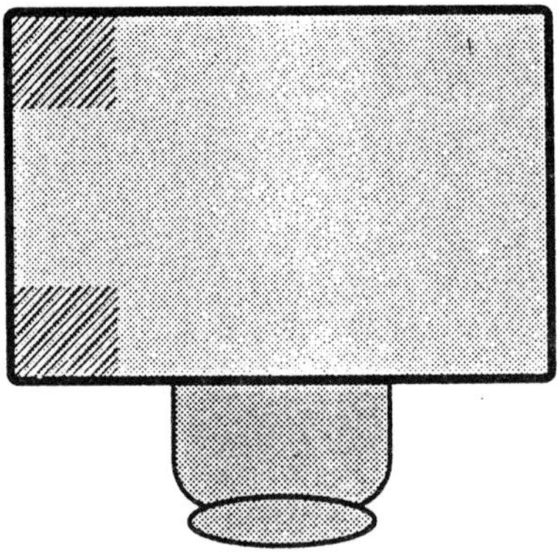

在營業方面無法突破的人

在斜線部份
放置綠色物品

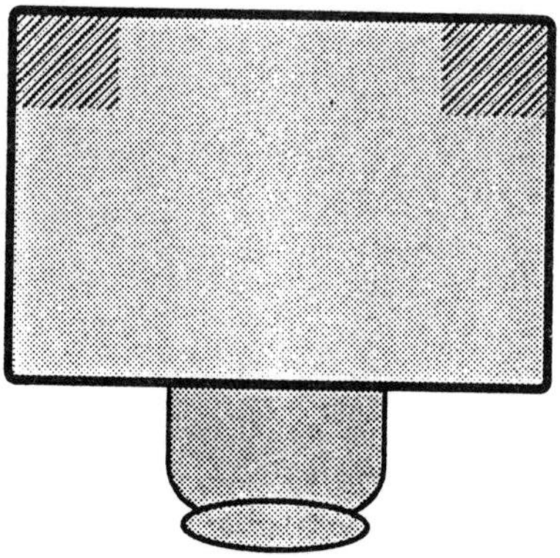

在設計、企劃方面無法突破的人

●與營業有關的場合

請致力於提升東方威力。

東方爲頂點，三角形的另二個頂點爲西北與西南。亦即辦公桌的左前方與靠自己的這二角。此處的幸運色是紅色，請你將放文書的公文夾改爲紅色。

再次强調，即使是這麼簡單的動作，也可以提升你的運氣。

●與販賣、服務有關的場合

請提高西方威力。這是使販賣運、服務工作運提高的方位。

以西方爲一個頂點，另二個頂點爲東北與東南。從辦公桌來看，即右手側前方與靠自己這方的二個角。

此處的幸運色是能提高金運的黃色。光是買金黃色物品也可以，或者乾脆買金製品最好。

●與管理、事務有關的場合

重點在提升北方威力。

辦公桌解套法〈Ⅱ〉

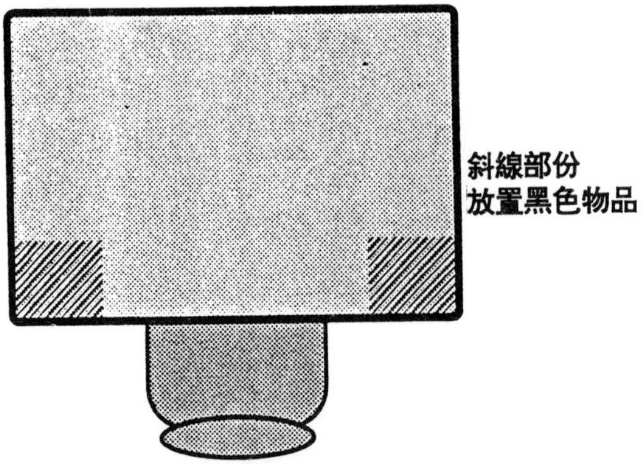

在管理、事務方面無法突破的人

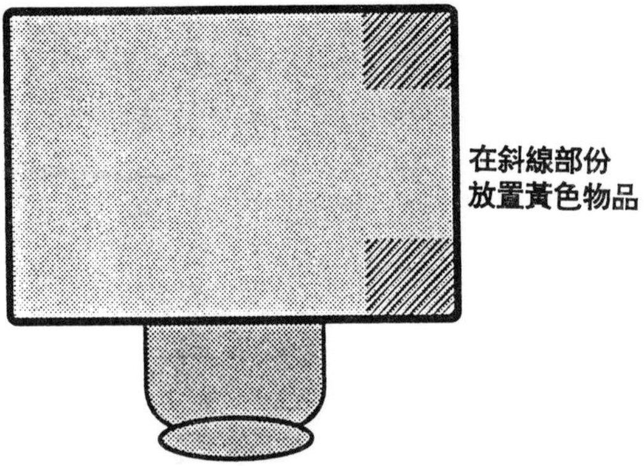

在買賣、服務方面無法突破的人

以北爲三角形一個頂點，其他二個頂點爲西南、東南、亦即辦公桌靠自己這方的左右角。

在此處放置黑色物品。事務、文具用品都使用黑色，大小混合放置可提高運氣。

辦公桌風水術如何？很簡單吧！這是對於工作無法突破者最簡單的提升運氣法。如果你年過三十還沒什麼進展，請你試試此法。

依職業別之最佳風水辦公桌

辦公桌能位於辦公室的幸運區內，當然是最好不過了。但如果不位於幸運區內，也可依照以下所介紹的方法，吸收風水力量，還是可以達到幸運效果。而位於幸運區內者，就不必這麼做了。

辦公桌分爲左側有抽屜的左側型，與右側有抽屜的右側型，以及兩側均有抽屜的兩側型三種。以下就左側型、右側型辦公桌加以說明。至於兩側型辦公桌，則可參考任何型式，請將辦公桌分爲鎮「左、正中、右」三等分來看，參照後述解說。

●事務性（一般事務、管理、秘書、營業事務、會計、人事、收發）辦公桌風水

事務相關性辦公室，其在辦公桌的時間長，不會將腳部弄髒，請勿將文書置於腳邊。左側辦公桌對事務性的威力最强，其次是兩側辦公桌，最後是右側辦公桌。左側有抽屜，自己坐於右側的話，左側（西側）較寬廣，有關小物品的顏色，以白、綠、奶油色爲佳。

左側辦公桌的場合，前面架子以正中央最低、左側其次、右側最高。請依此順序放置公文。至於公文夾的顏色，左側爲綠色或茶色系列，正中央爲黑、白、灰色系列，右側爲白色系列。

傳真機或電話放在左側，只不過，當電話置於左側時，容易因多話而說出不該說的話。所以請注意談話內容，有關公司機密、公司內部情形的閒話，盡量避免。

便條紙放在右手前側、桌曆置於右手裡側。如果有心儀的對象，可在辦公桌或抽屜之右手位置放置照片。重要物品、文件則置於正面寬廣的抽屜內。

右側辦公桌的場合，其前面架子的高低順序也與左側辦公桌相同，正中最低，其次爲左側，右側最高。架子左側請放置圓形物品，正中央放置黑色小東西，右側放置白色有角物品。

事務性質的風水開運辦公桌

左側辦公桌的場合

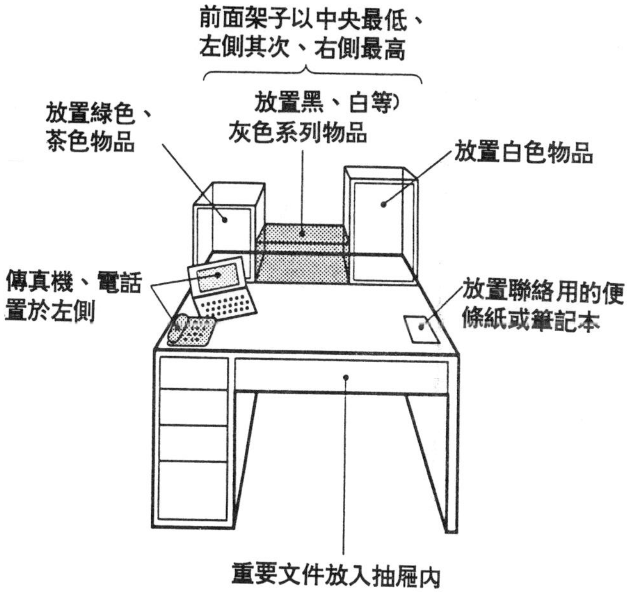

※左側放置電話，可能使無聊的會話增加，女性請特別注意!!

事務性質的風水開運辦公桌

右側辦公桌的場合

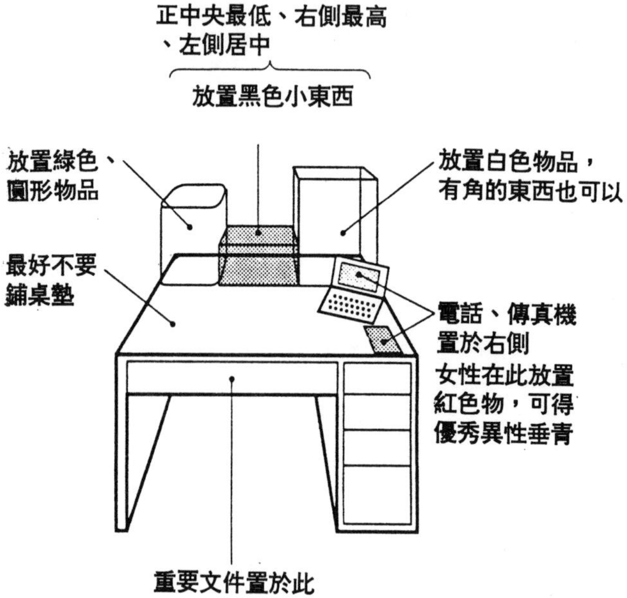

※左側辦公桌最利事務性工作，其次為兩側辦公桌，最後為右側辦公桌。

傳真機、電話、便條紙等請集中在右手側。桌上最好不要鋪桌巾。重要文件、用品置於正面的大抽屜。另外，右手側放置紅色物品，可提高女性的戀愛運、男性的工作運。

●企劃性（商品企劃、廣告、編輯、設計家、印刷、宣傳、傳播）辦公桌風水

右手側辦公桌對於企劃相關性工作的風水力量最強，其次是西側辦公桌、左側辦公桌。

企劃相關性工作需要東方與南方的威力。請在辦公桌上放置發光小物品。小物品的顏色最好是綠色系列。注意不要擺一些無用的東西。

右側辦公桌的場合，電話、傳真機請置於右側。照明器具、時鐘置於中央。左前側與右前側最好有透明小抽屜。在桌上小抽屜或傳真機旁邊放置發光物，例如，金屬製原子筆，企劃文件、資料等置於右手中央位置，否則放在右側抽屜內亦可。

左側辦公桌的場合，電話、便條紙等置於左側。前面架子的高度左、中、右均同高。架子左側最好有白色或透明抽屜，而且以正面寬廣者爲佳。資料、文件、企劃書放在架子的中央或右側。便條紙、筆記本最好放在右側。重要物品置於正面抽屜內。右側放置發光紅色物品，可提高企劃能力。

企劃性質的風水開運辦公桌

右側辦公桌的場合

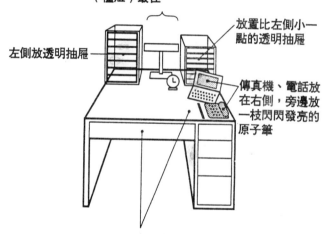

正中央放時鐘或發光物
（檯燈）最佳
放置比左側小一
點的透明抽屜
左側放透明抽屜
傳真機、電話放
在右側，旁邊放
一枝閃閃發亮的
原子筆
企劃書或資料置於桌上時，請
放在右手中央附近。
不放在桌上則收到抽屜內。

企劃性質的風水開運辦公桌

左側辦公桌的場合

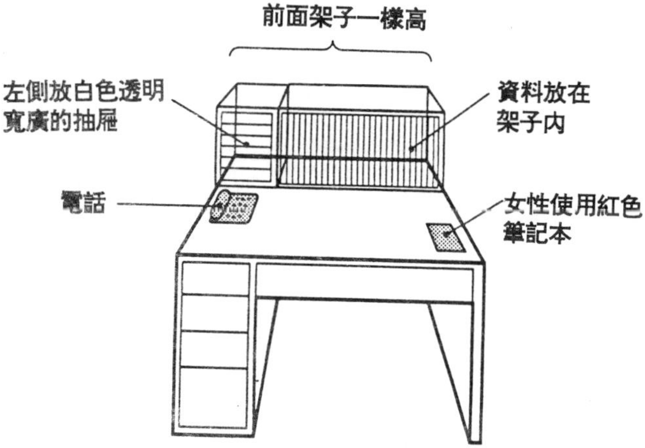

※右側辦公桌對於企劃相關工作的企劃性最強，其次是兩側辦公桌，最後是左側辦公桌，右側放置紅色物品可提高威力！

●ＯＡ機器（傳真機自動交換機、系統設計、電腦輔助設備、ＯＡ講師）辦公桌風水

從ＯＡ機器置於右手側或左手側來考量。放置ＯＡ機器的辦公桌，多呈L字型，也有些ＯＡ機器與自己的辦公桌分開。這時候就必須考慮，ＯＡ機器是位於自己辦公桌的右手側或左手側了。

至於ＯＡ機器在正後方或正前方的人，辦公桌周圍的環境便取決於抽屜的方向。小東西最好使用綠色系列。

《ＯＡ機器在左手側（右手側爲抽屜）》

正面架子同高，正中央、左手側爲茶色系列物品、右手側爲白色物品。面向著ＯＡ機器工作時，位於自己背後的辦公桌右側放置書籍類。右側放置物品以綠色、橘色物爲佳。ＯＡ機器旁邊放置黃色小東西。雖然有點擠，但電話、便條紙還是置於右手側。

《ＯＡ機器在右手側（左手側爲抽屜）》

正面架子同高，架子中央至左放置綠色物、右側放置白色物。ＯＡ機器旁放置白色物。ＯＡ機器旁放朵小花裝飾，或擺設花型小飾品。當你面對ＯＡ機器工作時，在你背後的辦公桌左側放書籍類物品。顏色最好是茶色系。電話或便條紙等物則置於右手側。

OA 系列風水開運辦公桌

左側放 OA 機器的場合
（右手側有抽屜）

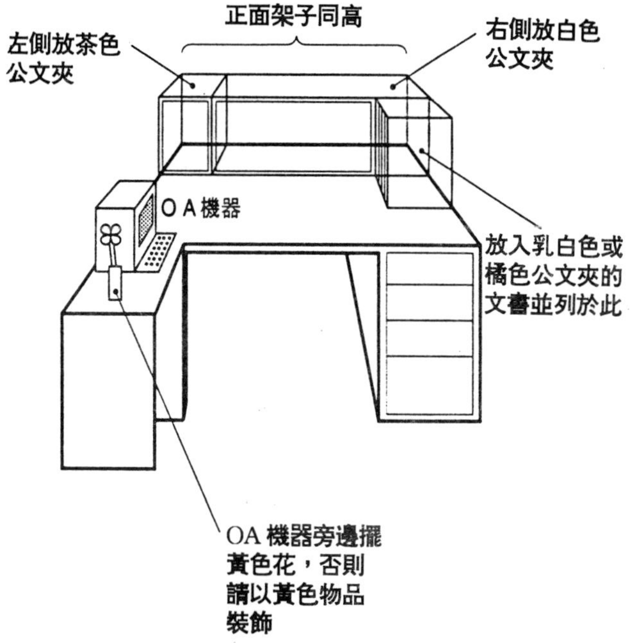

OA 系列風水開運辦公桌

右側放 OA 機器的場合
（左手側有抽屜）

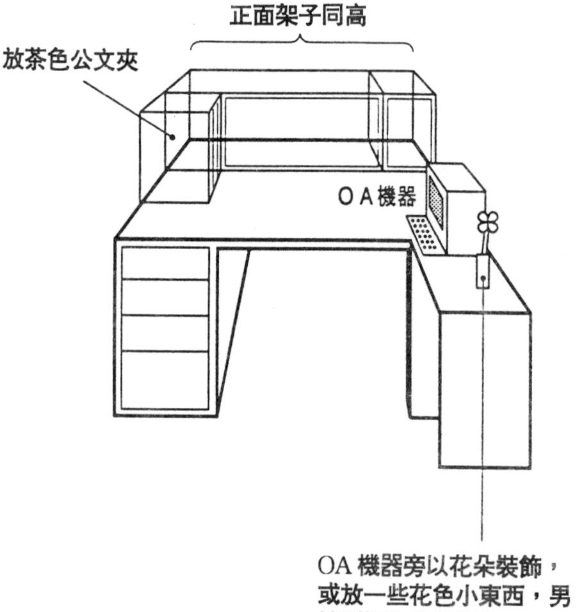

正面架子同高
放茶色公文夾
OA機器
OA 機器旁以花朵裝飾，或放一些花色小東西，男性則擺乳白色物品。

●營業相關（販賣、駕駛、協調者、講師）辦公桌的風水

營業相關工作應活用東方威力。營業人員坐在辦公桌工作的時間少，但辦公桌的整濟、適合與否，可影響你在外的工作進展是否順利。右側辦公桌對營業性工作最好，其次爲兩側辦公桌、左側辦公桌。

右側辦公桌的場合，文書、資料並列在前面架子上，但必須注意放置方法，重要物品放在左側，不怎麼重要的東西放右側。

個人營業手記可置於桌上的右手前方，或右側抽屜內。與金錢有關的資料，置於左手側或正面抽屜內。電話擺在右手側。

左側辦公桌的場合，文書、資料放在正面架上。

重要物品放左側，其餘放右側。電話或營業資料放在右側，與金錢有關的文件、資料，可置於辦公桌的左側，或左側抽屜內。

營業性質的風水開運辦公桌

右側辦公桌的場合

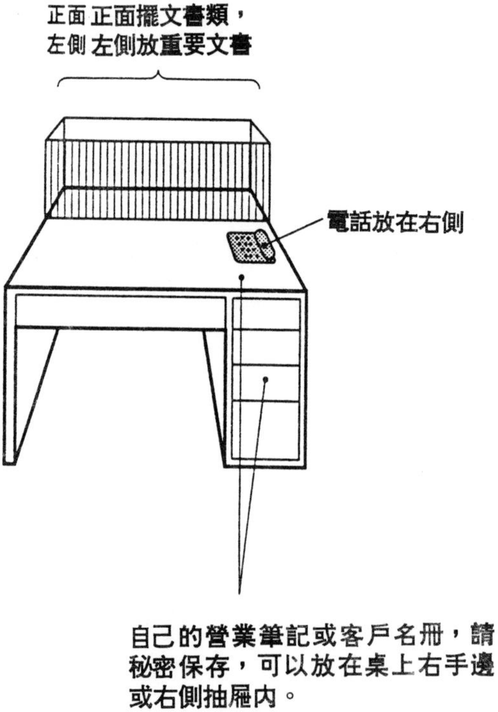
正面 正面擺文書類，
左側 左側放重要文書
電話放在右側
自己的營業筆記或客戶名冊，請
秘密保存，可以放在桌上右手邊
或右側抽屜內。

營業性質的風水開運辦公桌

左側辦公桌的場合

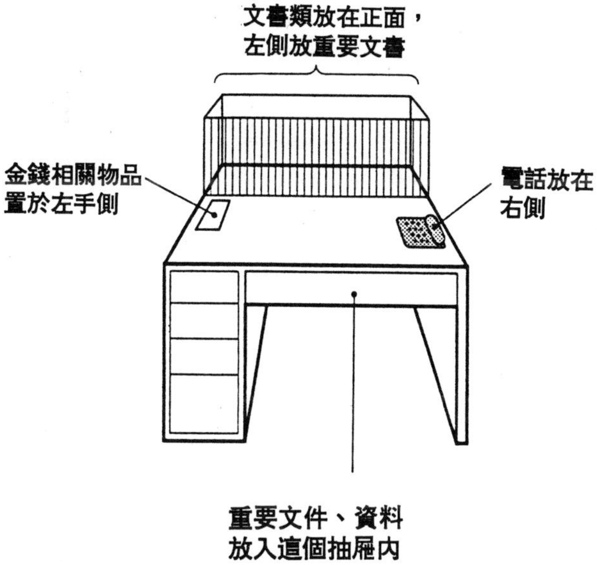

※右側辦公桌最利於營業相關工作，其次是兩側辦公桌，再其次是左側辦公桌，活用東方威力是重點。

依職業別不同，辦公桌方向也不同

辦公室的辦公室有全部向著入口處，也有全部面向上司的情形。辦公桌應該向哪一方向最好呢?最好依職業種類來決定方位。

營業性質最好向東，管理性質最好向北或西，企劃性質最好向南。如果無法如此做，就得利用其他開運法了。

好的辦公室是指，營業性質的入口在東方，辦公桌朝東，而且在幸運區內。管理，一般事務性質爲北入口，辦公桌朝北或西，而且在幸運區內。企劃性質爲南入口，辦公桌朝南，而且在幸運區內，以上所述方位均爲最佳狀況。

辦公桌位於出入口的最佳位置

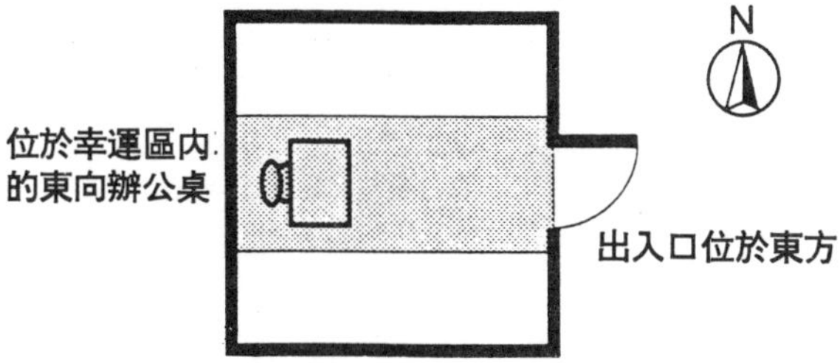

有利營業的辦公室

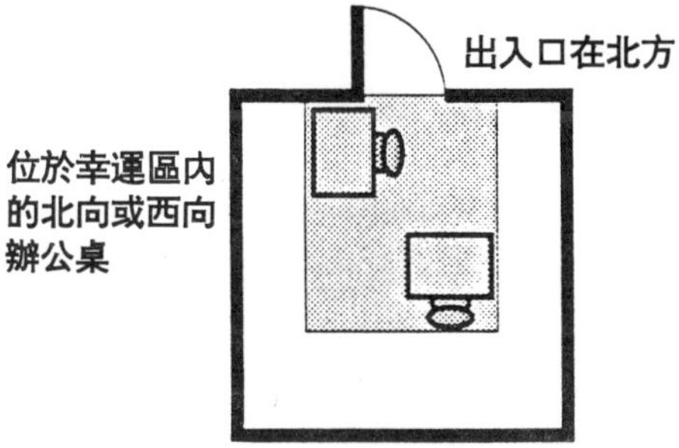

有利管理、事務性質的辦公室

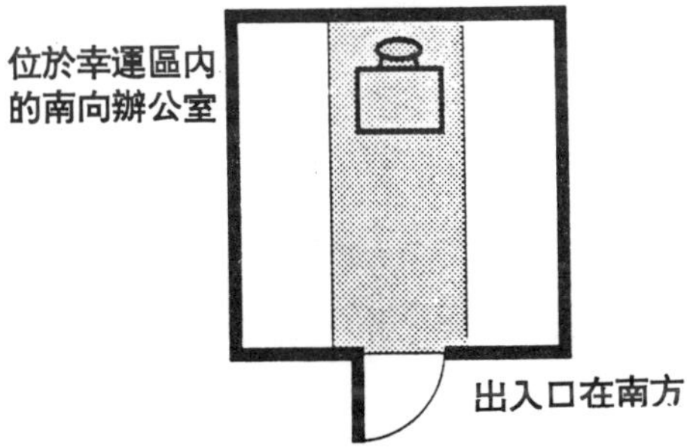

有利企劃的辦公室

在公司外工作時的風水術

●在公司北方工作時

務必禮儀端正、誠實應對。

談話內容最好强調你的公司管理嚴格。如果和對方熟悉之後，可以試著聊聊彼此家庭。透過這些話題，你可以掌握對方的心理，和對方打成一片，很可能獲得重要的資訊。

在這個位置的話，很容易談到人生、經濟方面的問題。一旦聊起來之後，必須牢記本來的目的，毫無痕跡地轉換話題，可使運氣提高。

服裝以灰色、綠色系爲佳，打扮也最好顯得沉著、大方。

對方如果年紀較大，記得談話要慢慢進行。

●在公司東方工作時。

與「新鮮」、「精力充沛」相性佳者爲東方。

如果是營業的話，往東方銷售最好。

在此方位工作應注意的事項

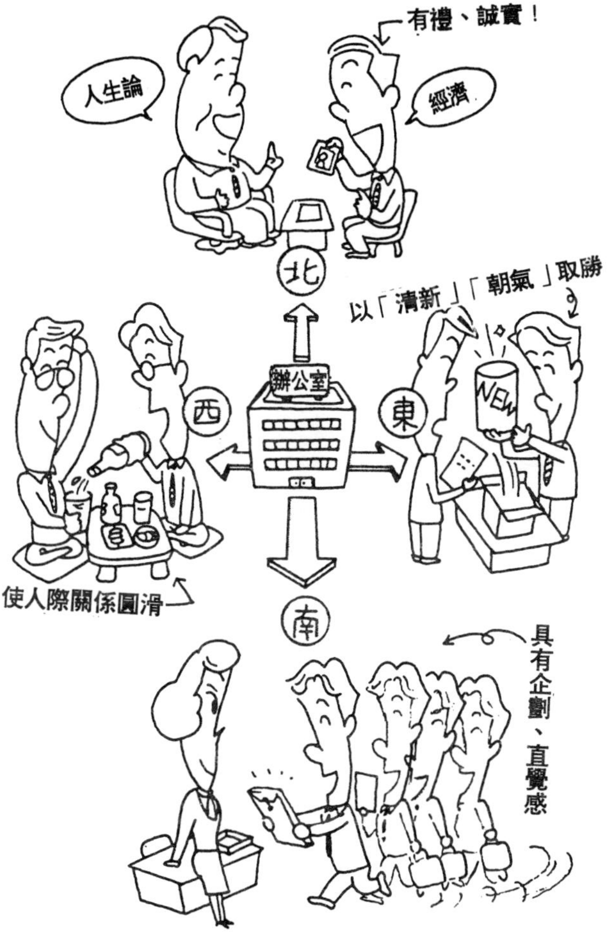

請向對方介紹你自己公司的活力。在這之前，別忘了先利用電話預約時間。突然造訪的話在這個方位上奏效的可能性不大。

話題最好轉入運動、音樂方面。「新鮮」、「活力」可提高運氣。

服裝也最好誇張、新潮，如果工作上不允許太新潮的服飾，則可在手錶、飾品上加以變化。

儘量早一點出門。上午比下午或夜晚的運氣好。負責人也最好是年輕男性。如此一來，你的成功是可以期待的。

●在公司南方工作的場合

這是富於企劃力、直覺力的方位。你可在這二方面創造運氣。

此外，南方具有「反覆」作用。因此，一次造訪不成功沒關係，只要你有耐心地多跑幾趟，相信必定得到好結果。

話題應選擇富樂趣、知性者。也就是能使氣氛愉快的有品味笑話。如此一來，可讓對方認爲你是個「有品味的幽默人才」。

服裝、飾品也應走高級路線。這對創造自我品味也很重要。

對方如果是中級單身女性最佳，也正因爲如此，所以創造氣氛就特別重要了。當然，也別忘了讚美對方的裝扮。但最忌油腔滑調，否則好不容易建立起來的基礎便毀於一旦。

●在公司西方工作的場合

最好保持人際關係圓滑。

與「酒」相性佳者爲西方。與對方飲酒商談可使運氣上升，也許在閒聊當中就進入情況，使彼此關係融洽，隔天便接到對方「ＯＫ」的電話。這便是你發揮風水威力所致。

西方與「親戚」的關係也很密切。當工作總是無法順利進展時，拜託親戚也是另一方法。至少可以提高你的運氣。

服裝不必特別，有一定的型就好。

訪問時間最好在下午三點之後。如此可使你的工作進展較順利。

第4章
使運氣突飛猛進的行動風水術

上班族男女每天上班所使用的皮包或身上小配件，和辦公室的空間、裝潢一樣，在風水上也均有其特別含義。而這些小東西，可說是補充你的運氣最簡單又具效果的道具。當你發現自己在工作上總是一陳不變，無法達到自己要求目標的時候，不妨轉身看看自己的裝扮，是否具有風水威力。本書最後一章就要向各位介紹，利用裝扮改運的行動風水術。

依目的不同，不同顏色的服裝也具不同威力

我在每天早上出門之前，一定先安排好一天的行程。想想看今天要和什麼人會面？要去什麼地方？工作內容是什麼？然後再決定今天該穿什麼樣式的服裝，運動服？襯衫？領帶？有時一天工作內容不只一種，這時就得在補給基地辦公室更換服裝了。當然，還得考慮時間是不是許可的問題。

辦公室內應該放置夾克、襯衫、T恤、領帶、鞋子等服裝，以備不時之需。一般而言，上班族放套黑色西裝、白色襯衫、黑色領帶、黑皮鞋在辦公室裡即足夠，很少像我準備了各種服裝在辦公室的。但既然視辦公室爲補給站，當然愈完美愈好。

接下來，談談襯衫、夾克、裙子的顏色。一般而言，年輕人應該比年長者穩重。像我

這種年紀（四十過半）的人，多少應該豪華些。

依服裝不同，所帶來的運氣也不同。如果你的穿著帶來好運，那麼就有許多人跟在後頭模仿。同樣一個顏色，有人合適、有人不合適，但與其只求安定，倒不如乾脆改革一番。而每一季節都會有些流行色彩、設計，這些都具有時代性威力，請適度採用。小飾品可以提高風水運氣，像衣服這種空間，比重均占大部份的貼身用品，其威力就更強了。

以下就來討論，依目的之不同，應該穿什麼型式、顏色的方服。

●茶色服裝

當你對現狀不滿足時、自己的工作不被認同時、想換工作時，請穿著茶色系列服裝。這樣可以使想獨立的人提高運氣。

茶色為大地之色。大地具有培育新生命的力量，以及埋葬舊生命再生的威力。

當一個人想追求獨立時，其精神多半處於不安狀態，往往因此而找人商量。但如果找錯商量對象，不但於事無補，反而會得到不利的結果。但如果一個人默默思考，沒有外在助力，也會產生意想不到的障礙。這時候穿著具有保守秘密威力的茶色系列服裝，不但可以使秘密不致外洩，還能提高獨立運氣。

附帶提及商量的場所，這也是一個重要問題。談話請利用榻榻米的房間，也就是一邊吃日本料理一邊談問題。很多政治人物和財經界人物，都了解利用日式料理、榻榻米房間談要事的效果。因爲坐墊、隔簾、圓柱等室內裝潢，對於討論重要事情、得到重要答案方面，具有環境威力。

想使獨立成功，必須要有心理準備穿三個月的茶色系列服裝。等向上報告了之後，請每日食用「沾醋食物」，以提高運氣。

獨立必要的力量是茶色服裝、榻榻米房間、日本料理、沾醋食物等等。另外，應該往吉方位旅行，東、西北方具有金融運。

自家書桌請換新，下班回家或休假日，在書桌前仔細思考今後的方向。如果家中沒有放置書桌的空間，則可在你的房間正中央處，面向南方思考，可減少獨立判斷的錯誤。這不僅在獨立方面，如果你想在公司內變動（換分公司或部門），以上方法也是能夠讓你早日成功的有效法則。

●藍色服裝

想引起上司重視、想與周圍人相處和睦、想讓對方先注意到自己時，請穿藍色或藏青色服裝。

上班族的人際關係很重要，尤其是與上司之間的關係。如果沒有這層煩惱，便能夠盡情地發揮實力。對於有人際關係困擾的人而言，藍色便是改善人際關係之鑰。藍色是具協調性的顏色。藍色也有濃淡之分，其中以濃藏青色最佳。海、天般明亮的藍色，反而會出現自我主張的負面作用。

與上司關係不良的人，請看看辦公桌左上方。這個方位是上司力量所在。你在這裡放了些什麼東西呢？是堆積如山的文件嗎？如果答案是肯定的，請你立刻整理乾淨，另外擺一張你與上司合照的相片，相信你們的關係會立刻親密起來。

●綠色服裝

對自己缺乏自信時，想要向某件事或某份工作挑戰時，請穿著綠色服裝。

女性上班族們，你的公司制服是什麼顏色？最近很多制服都是綠色系列。表面上看起來好像是因爲這個顏色適合每個年齡層，其實不然。事實上，這和經濟不景氣有關。由於公司營業狀況不良，不得不向業績「挑戰」。另一方面，或許企業本身也缺乏自信。

與綠色配合的顏色很重要。想具挑戰性的話，以紅、白、綠最適合。紅色原本就具有挑戰性，白色有前進的味道，綠色是復甦的顏色。如果與茶色搭配，則此人挑戰新工作的可能性很大。午餐食用澆山藥汁的生魚片飯盒，或牛排、豬排沾番茄醬食用，都能夠使自信心提高，順利達到成功。

●粉紅、花色服裝

心中期盼新戀情或新工作、想結婚時，請穿粉紅色或花色衣服。

女性當然可以，男性也許聽到粉紅色就嚇了一跳。其實沒關係，我並不是要你穿粉紅色襯衫上班，只要白襯衫搭配粉紅系列、花色系列領帶就可以了，長褲則可自由搭配。

至於女性上班族，不是穿著一身粉紅便是好，可以巧妙地搭配白色、紅色、黃色、藍色。男性也請務必配合白色穿著。

進入公司五年以上，一直與戀愛無緣的人、在公司的位置不處於幸運區內的人，辦公桌四周的環境相當重要。請看看辦公桌下，如果是文件、資料堆積如山，那即使粉紅威力再強也沒用。請立刻清理乾淨。別忘了，風水力量來自大地。

另外，辦公桌右手靠自己這一邊，擺了什麼東西呢？如果是手記的話就沒關係。因爲辦公桌的右手靠自己這一側是戀愛威力所在。女性請在抽屜内放一些自己的小物品及筆記本。男性也請將筆記、電子筆記等物置於此處。筆記本請以四種顏色分類，這代表「戀愛早日降臨」之意，請牢記。

飲食也能帶來戀愛運。炒麵、烏龍麵等長條食物是基本。如果要更進一步提高威力，就請配合淡紅色蝦子食用。

●黑色服裝

想一個人在舞台上演出者，請著黑色服裝。

黑色服裝任誰來穿都合適。一般女性上班族一定會有黑色衣服。如果想讓自己比現在更突出，就盡情地發揮黑色威力吧！

如果你想隱藏內心，黑色會造成很好的效果。但如果你想在工作上提出好企劃，那黑色就屬於ＮＧ效果了。戀愛方面也一樣。

室內設計上使用黑色、會令人有高級的感覺。因此，曾經盛行一時。但你可能不知道，難得的戀情也許就這樣逃出你的屋外。如果屋內擺置黑色家具，或者整體裝扮屬於黑色系列者，請穿一點暖色、花色系列服裝搭配。飲食方面，請食用麵條等長形物，或者油豆腐、豆腐皮之類的食品。

爲没有戀人苦惱的人，「黑」色很可能是原因所在。看看你的同事或朋友，應該可以找出一些答案。喜歡黑色的人，一定與戀愛緣薄。在工作上發揮不出實力時，也請看看是否黑色服裝出了問題。

●白色服裝

想交到好朋友時，請著白色服裝。

白色是戀愛的顏色。但不要認爲只要穿著一身白就是最佳裝扮。即使外出、上班也是如此。將公司辦公桌四周、床鋪床單佈置成白色。當然，睡衣、睡褲也是白色，效果絶佳。

但記住一點，寢室一定要通風，也可以改變沐浴精，洗髮精，香水的品牌。「香味」改變後，接近的人也會有一些變化。請在中午十二時左右往南方位商店購買上述用品。

除此之外，請食用運氣上升的風水食物。甜不辣、炸蝦捲、花椰菜、肉類食品等等，都是開運食品。詳細情形請參考『風水飲食開大運』。

●紅色服裝

遇到重要會議時、想使事情明朗化時、想有自己主張時、爲異性問題所苦惱時，請穿紅色服裝。

當你的辦公桌與問題對象的辦公桌均在幸運區內時，陰暗的辦公室比較容易引起困擾。不管二人均位於幸運區內或不位於幸運區內，中午休息時都應盡量使自己沐浴在太陽光下，或者在上班時享受朝陽。請往東方位步行上班。

相反地，其中一方位於幸運區內，另一方不位於幸運區內時，就沒有什麼解決方法了。這時處理事情要謹慎，也許對方可成爲你調職、換工作的助力。但在這之前，請於自宅調整方位。頭睡在南方，枕頭旁放置二株小觀葉植物，再於南方靠頭附近放一盞紅色燈罩的檯燈，可增强效果。

●黃色服裝

想提高財運時，工作遭遇瓶頸時，請著黃色服裝。

男性的場合，由於襯衫顏色有限，所以類似紅、黃這類不易取得的襯衫，可以利用領帶、手帕代替，仍可達到相同效果。

「西側爲黃色」，這是我曾說過的。不知是不是這句話太順口了，黃色成爲衆多人愛用的顏色。而且好像使用得很愉快。事實上，這就是風水的竅門。各位也請愉快地實踐風水。

辦公桌左側放置黃色物品的人也增加了。一般而言，將辦公桌左手中央視爲西側。但以我的辦公室爲例，由於辦公桌向南，所以指南針所指示的西方是右手側。因此，我在右手側擺黃色公文夾，照明檯燈也放在右手側。如果各位知道自己辦公桌的方位，就可像我一樣，否則，即將左手側視爲西方。

●灰色服裝

灰色服裝本身不具備運氣，但可從領巾、領帶顏色判斷運氣。想使事情明朗化時使用紅色，想換工作時使用茶色系飾品。

依公司位於自宅方位之不同，其適合基本色也不同。方位學上有所謂的幸運色。但由於是每日都必須使用的顏色，所以與其使用在外套、襯衫上，不如使用在小飾品上。從自宅來看，公司位於北方的場合，適合黑色、淡灰色。公司在東方的場合，適合明亮的藍色、藏青色、紅色、花色。公司在南方的場合，適合白色、墨綠色、綠色。公司在西方的場合，適合粉紅色、黃色、墨綠色、茶色、米白色等。

配合工作性質選擇領帶

配合襯衫選擇領帶，是基於打扮的立場。配合工作性質選擇領帶，則是基於風水立場。

管理、服務業，請搭配藍色、船隻圖案的領帶；法律、設計、企劃相關行業，請搭配綠色、單一圖案的領帶；營業、電腦、廣播相關行業，請搭配紅色、單一圖案的領帶。像這樣配合工作性質搭配幸運色領帶，便是選擇領帶的重點。另外，請記住你運氣不錯當天所繫的領帶，以便必要時再用它。

你一定也收過領帶禮物吧！這時你得注意領帶是不是被對方繫過。如果對方繫過，即使你不太喜歡這條領帶，但爲了提高運氣，你一定要使用它。因爲對方的運氣會圍繞在自己四周。相反地，如果這條領帶沒人用過，則用衣架掛起來，吊在房間窗户旁一天後再使用，以便吸收太陽光的威力。

如此才不會浪費了這條領帶，而且還可帶來好運。

紅色系列使工作運提高

希望戀愛、結婚的人，腮紅、口紅都盡量使用粉紅色系。頰骨突出部位特別用粉紅色強調。眉形最好描出圓形幅度。髮型以露出額頭爲佳，令人有種清爽的印象。隨風搖曳的情景最利戀愛、結婚。至於化妝品，採用法國等歐洲一流品最吉利。

想提高財運，必須讓整體裝扮呈現豐臾感。有效地利用燈光，强調臉的下半部。寬闊的臉型下半部，可爲你帶來財運。也應該畫些鼻影，讓鼻子看起來立體些。髮型請讓設計師吹出具質量感的髮型。

想提升整體工作運，紅色是重點。口紅、腮紅均使用紅色系列。眉形稍長、强調眼尾部份，使整體呈現鋭利的味道。髮型俐落不蓬鬆。至於化妝品，使用美製品爲吉。

香水、古龍水左右人際關係

香水可以促進人際關係。因此，想增進人際關係的人、想結婚的人、想與他或她交朋友的人，請利用迷人的香水、古龍水。尤以柑橘類香味爲吉。

「香味」可以增加印象。我周圍有許多職業婦女，常常聞到某種香味就想起「那時候的她……」。而令人覺得有趣的是，往往她們身上香味改變的時候，也是身旁變換伴侶的時候。

不論男女，現在噴香水的人增加不少。除了隨身準備香水之外，如果要放在辦公桌，則置於右側靠自己這邊。若是放在自己家，請置於東南側，如此可以促進人際關係。

手帕的顏色也有其意義

手帕搭配當天服飾顏色很得體，但如果你有重要事情商談、有會議要開、有難以啓齒又不得不說的話時，請使用紅色手帕。紅色是表現關係深的顏色，可以提高發言力、表現自我主張。

挑戰新工作時，最好用白色手帕。期待戀人出現、有戀愛預感時，請攜帶二條手帕。

下班後掌握運氣法

下班後你如何打發時間？依你生活方式不同，運氣多寡也不同。每天同樣行程、同樣心情的單一派，只會使機會溜走而已。配合自己的目的，應該積極變化各種生活方式，提升運氣。

●唱卡拉ＯＫ

經營不被認同、想出人頭地、想換工作、想獨立的人，請歡唱卡拉ＯＫ。唱歌可以使東方運氣上升、提高工作運，即使在店裡當聽衆也可以。在公司被壓抑的朋友，爲了不再被瞧不起，請試試唱歌活動吧！

●逛百貨公司

工作遭遇瓶頸，想要有新突破、新構想的朋友，請逛逛百貨公司。一開始就上最頂樓，然後一層一層往下逛。從風水觀點而言，高處代表「理想」、低處代表「現實」。爲了使理想付諸行動實現，你必須從最頂樓「理想」往下「現實」行動。你將會發現，一些新構思如潮湧般出現在你的腦海。

到海邊走走也是不錯的方法。如果工作時抽不出空的話，可以利用休假日。最好在中午前到達目的地，一邊觀海景一邊用餐。

一定要點魚類沙拉，白天的太陽與新鮮的海產，可以增加你的運氣。

●去看夕陽

戀情受挫、想得戀情時，請去看看夕陽。

利用大自然是使戀愛運往上升的重要方法。到海邊、湖邊散步也很好。

到平常少去的街道走走、做做平常很少做的事，這些不同於平常的改變，可以使你本身也產生變化，這是緣份必備的動力。

女性朋友們也請改變一下妳習慣看的雜誌，說不定從新雜誌中，意外地會改變妳對戀愛、婚姻的看法。一個人遊玩時，請盡量到情侶、夫婦多的店裡，因爲那裡的戀愛威力較强。店內明亮、木製品多的店，其戀愛威力也較充足。

●聚餐、喝茶

想獲得上司重視、想增進同事之間的關係時，可以一起吃飯、喝茶。

吃相同火煮出來的食物、喝同一鍋煮出來的湯，你們的心靈也會彼此相通。盡量選擇位於吉方位的餐飲店，如果不知道方位，最好聽從上司的意見，到上司喜歡的場所。

店內風水也必須注意。最好避免電梯位於正面、入口黑暗、大門不潔、招牌不亮、氣氛不好的飲食店。至於座位，當然是在幸運區上最好。特別是威力最强的正中央位置。

●入浴

身心感到疲勞的人，回家洗澡是最好的方法。

請以清香的沐浴乳慢慢享受入浴氣氛。香味能夠緩和緊張心情。但請費心挑選品質優良的沐浴泡綿、毛巾等用品。

如果浴室日照不良、空氣不流通，請在休假日時將沐浴用品拿到太陽下曬一曬。毛巾也一樣。另外，注意不要讓浴室潮溼發霉。每次洗完澡後，請將洗澡水漏乾淨。一般而言，以白色、墨綠色、綠色、乳白色、粉紅色系沐浴用品，搭配任何方位浴室均可。鬼門方位浴室則以「白色」爲中心。

●烹飪

想結婚的女性，請加强烹飪技巧。

烹飪可以自己在家照著食譜做。但如果想奠定穩固基礎，最好到自家東南方位的烹飪教室學習。現代男性的擇偶條件中，烹飪、理家占了相當重的比例。我在東京成城學園開了一家烹飪教室，二十多年來發現烹飪高手總是比較早出閣。

●到流行場所

想交到好朋友、想發現好伴侶的人，希望你到人群集中的流行場所。如此你可以掌握流行資訊，並且與人談話的話題不會落伍。這種意慾與好奇心，也會使你有美好的邂逅。

渡過凶方位出差的難關

對於上班族而言，出差是活用風水的大好機會。盡量往吉方位出差最好。但話說回來，出差目的地並非自己所能決定的。如果出差目的地是凶方位，該怎麼辦才好呢？請你詳細閱讀以下敘述，這也適用於公司旅行。有關於凶方位，請各位參照最後附錄之本命星表以及吉方位表。

首先，請拜神佛。到神廟去參拜，祈求往吉方位旅行，然後求個護身符佩帶。如果自宅有佛堂者，可以在自家神案前祈願。若是忘了在出門前參拜祈願，請你到達目的地後在當地寺廟參拜。如果連這一點時間也沒有，請在每年年初時，專程赴寺廟參拜，祈願「免除一年的方位障礙」。

事先在腦海中預想目的地的凶意現象，也是緩和凶意的好方法。關於這一點，容後詳述。

另外，也可在往凶方位之前，先往吉方位一趟。如此可以使方位改變。換言之，就是不直接往凶方位，而是從另一處往目的地。

在凶方位不要待太久，盡可能辦完事趕快回公司。如果因爲好不容易來一趟，不接受招待太可惜了，則反而會使凶方位之氣侵入體內，偷雞不著蝕把米。最好連禮物也不要買。

一年最好計劃往吉方位旅行一次。當年往吉方位移動旅行，對於消除凶方位出差，旅行所帶來的負面作用，也是重要助力。

●往北方凶方位時

會被親密的人背叛、秘密容易被洩露。

最好在出差目的地不要太耀眼，否則很可能會有意外花費、飲酒誤事。即使平日不喝酒的人，也會一杯接一杯地喝。為了不時之需，你可能必須比平常多帶一些錢在身上。

北方也是對性有影響的方位。你可能會發生異性間的問題，或為下半身疾病所苦。所以出外遊樂請適可而止。或許你會因為飲酒過度而忘了公事包、重要文件等，隔天接到對方公司聯絡電話，工作也泡湯了。不過還好，錢財沒了，回家還有妻子開門迎接。但請務必注意在外言行舉止。

另外，由於秘密容易洩露，所以若非必要，不要對外說出出差目的地。

北方位請以日本料理、豆腐料理為飲食中心。

●往東北凶方位時

容易受傷、浪費、發生意想不到的事。

最好先有心理準備，身上所帶的錢一定全部花完才回得了家。這時候，你可以先買高價禮物、享受高價位餐飲。

往北方凶方位時的注意事項

被親密朋友出賣、
秘密被洩露
注意飲酒
在出差目的地不要
有太耀眼的行動
飲食以日本料理、
豆腐為中心
絕口不提出差的事

往東北凶方位時的注意事項

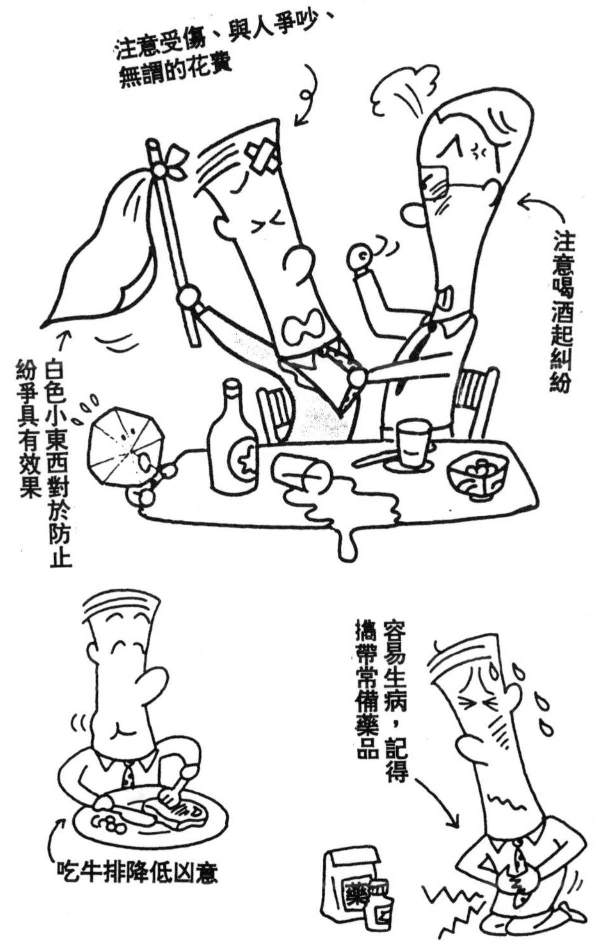
注意受傷、與人爭吵、
無謂的花費
注意喝酒起糾紛
白色小東西對於防止
紛爭具有效果
容易生病，記得
攜帶常備藥品
藥
吃牛排降低凶意

這個方位很容易在酒席上被糾纏、從樓梯摔下來、突然生病等等。所以請你一定要隨身攜帶常用藥品。請穿著高級品質服裝前往。白色小東西對抑止東北方糾紛也很有效。另外，食用豬排、牛排可使凶意減弱。最重要的還是務必仔細確認面談、工作計劃表，而且隨時提醒自己不要失誤。

●往東方凶方位時

意外事件接踵而至，從清晨忙到深夜還不得閒。請特別注意時間。

一大早就出門搭早班車，早一點行動時間總是比較充裕。萬一有什麼失誤的話，也比較有彌補的餘裕。爲了防止意外事件發生，最好在安排行程表時，多留些時間給自己靈活運用。遇到事情時，冷靜的判斷能力對你而言相當重要。

東方凶方位的旅館，往往會使你在半夜被鄰房吵得睡不著、夜裡發生事件、被打錯的電話吵醒等等聲音的問題，都會對你造成困擾。另外，在工作方面太引人注目，也往往會招來反感的眼光，或者會出現車子抛錨、秘密洩露的不順利現象。你還必須擔心聯絡錯誤的情況發生，所以，務必攜帶必要電話號碼。

娛樂時不要太過於渾然忘我，應以對方爲主軸。事實上，就有因唱卡拉OK太過起

往東方凶方位時的注意事項

勁，結果生意泡湯的例子。

在帶動現場氣氛的同時，別忘了注意每一個人的情緒反應。在出差目的地，請食用壽司、沾醋食物。藍色、藏青色系列襯衫，對出差有利。但必須注意領帶的搭配，不要太過顯眼。

●往東南凶方位

人際關係容易出現裂痕。

不僅在出差目的地如此，回來後仍會受到不良影響，由於人際關係運低落，連帶對工作產生負面影響。因此，往東南方位旅行、出差時，請特別注意使運氣上升的開運行動。

東南方是容易得感冒的方位。請注意睡眠時冷暖氣的溫度。出門時記得帶古龍水及雨具，以備不時之需。另外，不要吃燒烤肉類，否則往往因口臭而說話拉拉雜雜的，讓人哭笑不得。

說話記得謙虛，千萬不要信口開河，否則容易引起對方的不快，往往還因此而失去戀人。飲食最好以清淡爲主。

往東南凶方位時的注意事項

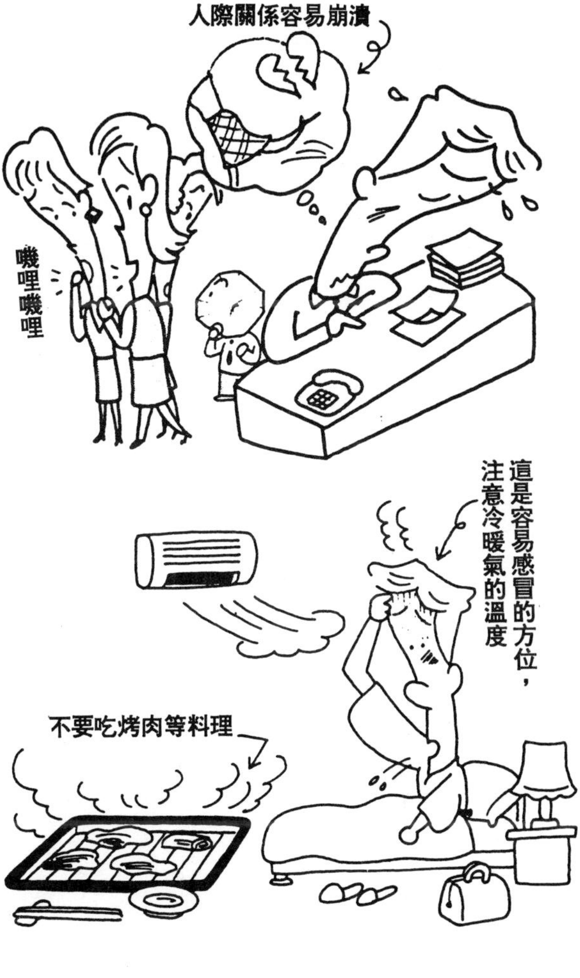

●往南方凶方位時

容易捲入金錢糾紛或管理紛爭中。

也許你因爲擔任保証人而捲入紛爭，或者夫妻之間出現裂痕，提到離婚問題。也請注意物品、文件遺失或被竊。尤其是到海外出差、旅遊時，應該特別注意保管好護照。

工作方面，恐怕會重複相同的錯誤。由於精神狀態不安定，很容易生氣、與人爭吵。二人以上同行時，一定得隨時提醒自己，不要爲了無謂的事與同事爭吵，因而影響工作。

爲了降低南方的凶作用，詳細安排妥當後便立刻行動。不要攜帶高價的貴重金屬。但是在服裝方面，則可穿著豪華一點。

外出時，請讓自己的立場明確清楚。與南方相性佳的是綠色，最好隨身攜帶綠色手帕等小物品。服裝可以豪華些。當對方稱讚你時，你可以慢慢解釋「手錶是……、皮鞋是……」。不要有輕率的言行舉止，否則將喪失信用。至於飲食方面，早餐食用沙拉、蔬菜汁，可以穩定你的心情。

●往西南凶方位時

往往在工作順利進行時，卻出現小差錯，使你不得不重新開始。

往南方凶方位時的注意事項

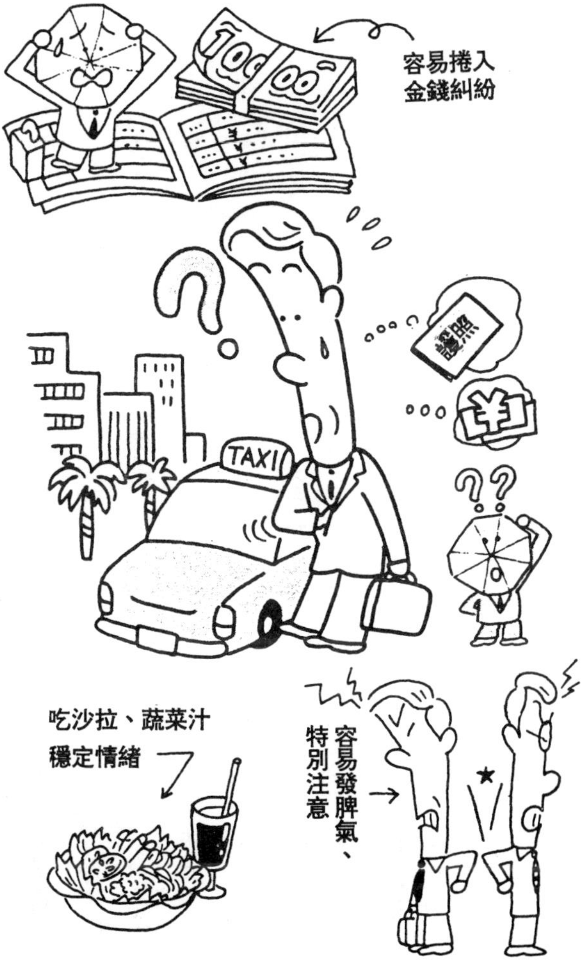

往西南凶方位時的注意事項

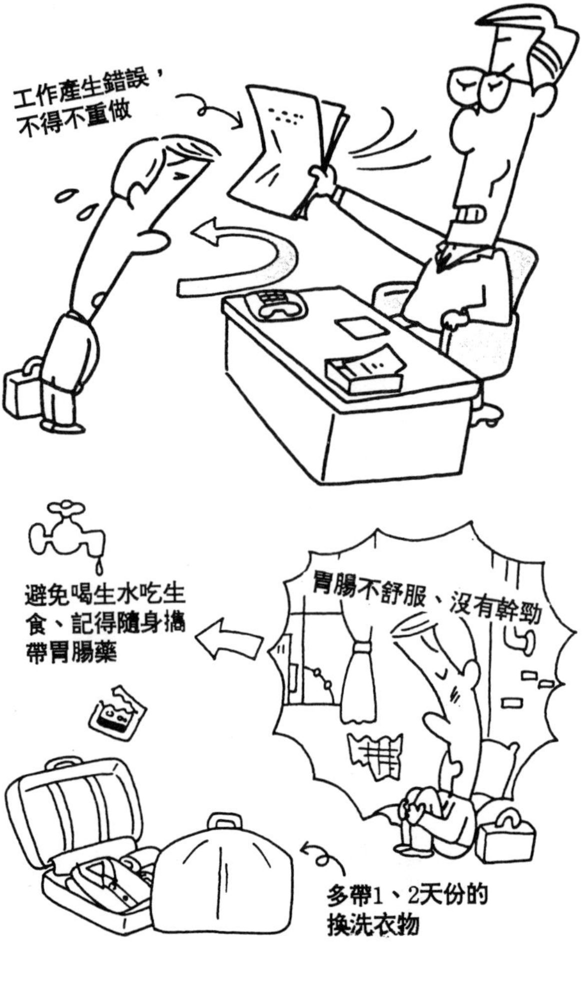

西南凶方位往往使你感覺身體不舒適、胃腸不太好，或者出差買回來的東西根本不合用、住宿飯店設備簡陋、與同行同事發生聯繫上的錯誤等等困擾。

爲了使工作心情愉快，請在事前確認住宿處的設備、服務情形如何。太高價位的禮物請勿購買。避免飲用生水、生食，還得記得帶胃腸藥。多帶一、二套換洗衣服，以備延長出差時更換。不同襯衫帶給你不同的心情，顏色以暗色爲主。領帶則花俏一點，也可考慮帶一位風采普通的人一起用餐、開會。

●往西方凶方位時

在出差目的地不斷地花錢，卻往往得不到效果。不論工作、物質均嫌不足。你很容易在酒席上發生問題，最常見的就是說錯話、得罪人。雖然你會有額外的支出，但這些多餘的支出可以減少凶意。因此，即使你吃大餐、買高價禮品也沒什麼關係。

如果你出差所接觸的對象是異性，就要特別注意了。可以聊旅遊、飲食、家人等話題，但不可提及家世、宗教，這是與人交往的常識。但位於此凶方位，卻常常忘了這項常識。另外，請記得公私分明。就有人在對方公司打私人電話，因此人格遭到懷疑，結果被炒魷魚了。再親密的朋友，也有該遵守的「禮儀」。盡早完成工作後回到飯店慶功才是最

往西方凶方位時的注意事項

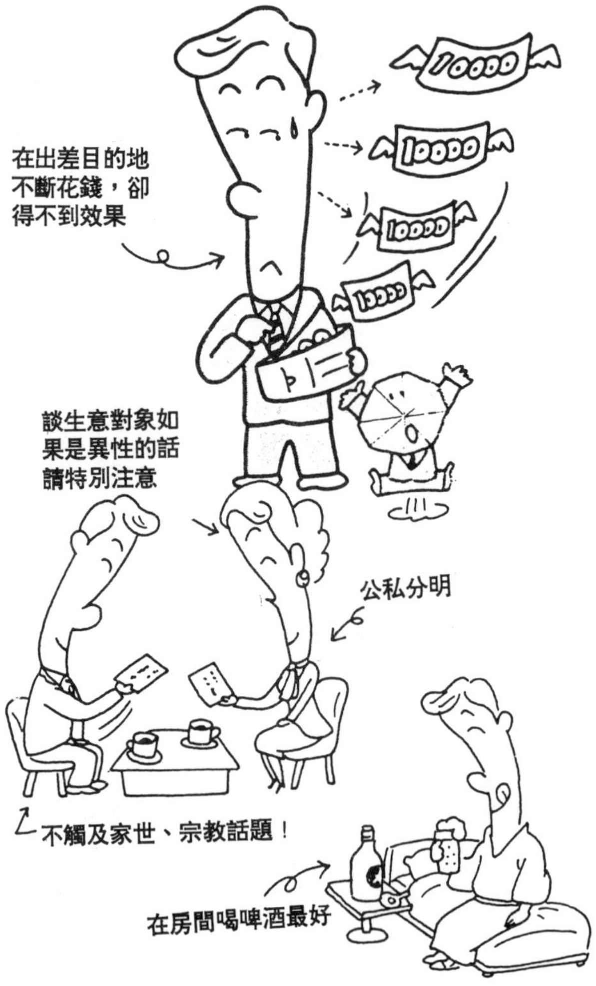
10000
10000
10000
10000
在出差目的地
不斷花錢，卻
得不到效果
談生意對象如
果是異性的話
請特別注意
公私分明
不觸及家世、宗教話題！
在房間喝啤酒最好

重要的。

●往西北凶方位時

容易與上司起爭執、與廣告客户之間出現裂痕、流失大筆生意等等。因爲你話說得太滿了，往往無法實現。最好身邊也不要帶大筆錢。

西北是表現神佛威力的方位。請你在到達目的地時，先到佛寺參拜。

與認識的人談生意，應該比較容易進行交易，但在這個方位正好相反，往往會被認識的人出賣。與分公司、分店的重要職員認識也一樣，反而使工作難以進行，這點必須特別注意。非親非故的商談對象，對西北凶方位反而有利。

在西北凶方位，一樣要避免提及祖先、家世、宗教等話題。飲食方面，西北與米相性佳，因此，習慣麵食者，也請你改吃米食。

通勤時的增運術

一般而言的最佳通勤法，是早起向東、晚歸朝西。換句話說，就是隨太陽而行。

往西北凶方位時的注意事項

往吉方位溫泉做個增運之旅，稱爲「吉方溫泉之旅」。這時應該「身體向陽」。也就是在露天浴池泡溫泉。太陽與風能帶給我們幸福的力量。通勤時，「臉朝向太陽」也很重要。

如果早晨離家後必須往西方通勤的話，也最好臉朝東方走幾步後，再往公司方向行進。如果你家在兩個車站之間，則你最好利用東側車站通勤。

住宅也一樣。你想搬家的話，最好往吉方位遷移。除此之外，最好在車站的西側找房子。如此一來，即可在早晨搭車時往東方行進。

不知是不是大家都懂得這個道理了。事實上，住在車站西側的人，受幸運之神眷顧的機率也高些。所以，一般商店街也是「西口」比較熱鬧。這些均有其風水上的緣故。

大部份的人均在相同時間出門、經過相同道路到車站，然後搭乘同一班車到公司。但如果覺得自己運氣不怎麼好，請調整一下你現在的行程。

可以早一點出門、換一班車搭乘、繞不同的巷子到車站或目的地。像這樣與平日行動不同，會讓自己產生變化，也可提高本身的運氣。

另外，當你搭乘同一班車，連續三次發生好事情，那就是與你相性佳的幸運車。反之，如果連續二次發生不好的事情，那這班車就不適合你搭乘。因爲不論好事或壞事，都會循環發生。

總而言之，你自己可以製作一套法則，記住自己幸運日所穿的服裝、領帶，好好利用「幸運法則」。

手錶請選圓形文字盤

我有很多只手錶，依心情不同而搭配使用。這些手錶都是往吉方位旅行時購買的，不知不覺就放滿了整個抽屜。手錶是變換氣氛的道具。每一個手錶所呈現出的感覺都不一樣。可以說是一種階級、地位的象徵，也是自我表現的一種方法。

風水就是行動學。即使一個小小手錶，也不可忽視它的重要性。一般而言，最好挑選圓形文字盤的手錶。四角形的四個角太過鋭利，容易使人際關係惡化。圓形錶可保持圓滑的人際關係。

一九九六年的不動產運在美國、事業運在義大利、財運在關島。至於香港，則應該可以買到有利結婚的手錶，哪裡製造的都無所謂。

皮包是提高財運的重要項目

皮包顏色種類繁多。一般而言，人們均選擇與當時工作配合的皮包。風水上對皮包的定義是，「將錢花在裝東西用的皮包上，可得財產」。所以你往吉方位時，請購買合適的皮包。

最近，擁有第二個皮包的男性增加不少。一開始使用時，常常忘記隨身帶著，但現在已是離不開手的重要東西了。裡面有筆記本、錢包、名片、電話簿等小東西。對我來說有如貴重寶物，皮包是提高財運的物品，最好多花些錢買優良品。

筆記本、計劃表應該放在自宅的何處？

筆記本對上班族而言，是不可缺少的必需品。因爲它總是離不開自己，所以應該放在自己的幸運區內。在公司時最好放在辦公桌右側靠自己這一邊，因爲如此可得到東方力量，掌握最佳情報。回家後也要擺在桌上。没桌子的人則放在枕頭邊。

風水流的正確接待方法

好位置留給客人＝這並不是好的接待方法。首先，到自己吉方位的店最重要。然後，你穿上幸運色服裝，坐在暗處。

爲了掌握對方動向，氣氛要明朗，音樂大聲一點沒關係，内部裝潢木製品的店最好。食物以新鮮、流行者爲佳。依年齡層不同，須適度調整餐飲。義大利料理、中華料理都不錯。

你也可以從對方所點的菜色來了解對方。如果「希望工作維持長久」，或者想「了解這個人」，最好讓對方自行點菜，與其一次將行程安排好，還不如每天變換不同接待方式，視情況而做適當調整。服裝則以暖色系爲吉。

想在社會上衝刺的接待方法，必須使自己的優點突出，令人有「這個年紀能做這些事情，真不簡單」的印象。另外，還須强化西北運氣。

如果了解日本料理店的風格，比較容易在社會上出人頭地。因爲你可以帶客人吃到美味的生魚片。店裡的氣氛乾淨俐落很重要。比起一般西餐廳，日本料理店對於社會關係較具效果。

如果以獨立爲目標，可以往東、南、西北運氣較强的店。方位是以公司或自宅爲基準來看，但應避免西餐、日式料理混合的飲食店。具有懷舊情調的西洋料理店也可以。但如果對於方位沒什麼自信，最好還是選擇有榻榻米的店。

很難展開話題的場合，以位於海邊、湖邊、河邊的店最合適。

如果您想讓上司更注意你，可以往西北、北、西南氣較强的店。這三個方位可以使你運氣提升。其餘則與「在社會出人頭地」大致相同。

想在金錢方面說服對方，請穿著茶色、粉紅、黃色服裝。飲食則採取法式料理或烤乳鴿。至於酒類方面，一開始喝啤酒，熟稔了之後，則改喝日本清酒，白蘭地是與長輩保持好關係的好酒。

午餐的選法與吃法

開運飲食法很重要，其基本爲「最初與最後」。例如，一個便當裡面有荷包蛋、烤蝦、燙青菜、煮番茄以及炸雞排。

你先吃什麼呢？

風水飲食法決定於最初與最後。如果你是一位業務員，想提高自己的業績，就應該第一口吃能夠提升營業力的炸雞排，最後一口也吃炸雞排；希望有新發明的人，最初與最後一口都吃烤蝦；想提高財運的人，最初與最後一口都吃荷包蛋，這就是風水流飲食。

想提高整體工作運的人，應該吃酸性食物或新鮮魚類。另外，也不可缺少紅色食物。紅色是元氣的來源，能讓你工作積極。

雖說午餐不要吃得太浪費，但生鯛魚片是最適合提升工作運的食物，煮鯛魚湯也可以。至於紅色食品，番茄便是最佳代表。請在做菜時加入番茄，也可以食用番茄沙拉，或是煮番茄湯。

除此之外，麻婆豆腐、辣椒醬、番茄醬都不錯。肉類食品對於活動力旺盛的業務員也是最佳食品。

營業員必須有過人的警覺性。除了前述料理之外，也請吃一些讓牙齒充分咀嚼的硬食物，醃黃蘿蔔就不錯。

雞肉具有使買賣繁盛的力量。因此，靠宣傳販賣商品的營業活動，食用炸雞排、烤雞最適合不過了；想擴充營業據點的人，請食用牛奶、起司、奶油等鮮奶製品製成的食物，以提高運氣。

下午要開會，或者希望有什麼好構想、企劃的人，適合吃飯盒餐、烤蝦。對於提升企劃力，蝦子及文蛤等甲殼類是最佳選擇。牡蠣也是其中之一。此外，腸枯思竭無法突破時，辣食品具有效果。

以獨立爲目標的人，飯比麵包合適，吃飯盒最好。豬肉、牛肉也能帶來好運。所以只要一客豬便當或牛腩飯就好了。

想提高財運的人，仍以黃色食物爲重點。在發薪日之前欠他人錢者，吃咖哩飯不錯。其他例如，煎成金黃色的魚、荷包蛋、蛋包飯、油炸食品、黃色蕎麵、加油炸豆腐條和蔥絲的清湯麵都很好。

期待戀情的人，適合麵類等長條形食品。長形具有與異性結緣的運氣。除了麵類之外，鰻魚、秋刀魚也能提高戀愛運。當你爲戀情所苦時，食用魚類食品可以使運氣好轉。

期待幸福婚姻者，除了前述戀愛運的長形食品外，再加上提升家庭運的食物。家庭運佳的食物有牛蒡、蘿蔔等根莖類。煮芋頭湯、蕃藷湯等家庭小點，也有助於婚姻幸福。

想在工作或生活上有些改變的人，適合蛋類食品。蛋類使你有挑戰新事物的動力。

如果想增進公司內的人際關係，請食用味噌湯之類的茶色食品，或者麵類食品。茶色食品能帶給你與四周調和的動力。不但能夠提升整體運氣，而且還可以使運氣均衡發展。

想消除緊張、胃腸不太舒服時，請積極攝取綠色食物。綠色食物對於健康，尤其是內臟很有助益。飲食過度、沒有食慾時，最好也吃一些綠茶做成的麵，如此可使你的內臟舒緩。

休假時在旅行目的地的開運行動

現在很多公司都給員工一年幾天假，讓員工自行出國旅遊。有些人回國後工作運大漲；相反地，有些人回國後卻在工作上遭到失敗。不但花錢、花時間，還使運氣低落，那可真是划不來啊！在此向各位介紹提升威力的風水流之旅。

首先，請往吉方位走。這是最重要的一點。當然，這需要路途遠、日數多。因此，海外旅遊比國內旅行有效。在目的地請依下述行動：

• 身體接受大地之威力。

迎風沐浴朝日、到海邊游泳、赤足走在沙土上、打高爾夫球、散散步等，利用這種吸收大地威力的行動來開運。

- 食用當地種植的蔬菜、水果、魚類。
- 買當地製成禮品。
- 如果有佛寺的話，前去參拜。
- 做適合旅行目的地方位的行動。

依目的別不同的好方位。

- 希望企劃傑出者往南。若是海外之旅則選關島、澳洲。
- 希望在社會上出人頭地者，往西北或東方。東方有美國、西北有北歐、英國、德國等。
- 希望老闆加薪的話，往西、北。海外北方無渡假區，西方有地中海、義大利等地。
- 考慮換工作者可以往東、東北。東北有加拿大。
- 想獨立的話往東、西北、西南。
- 希望健康者往西南。
- 期待戀情者往東南、北、南、西，東南有夏威夷、南美各國。
- 期待業績上揚者往東。
- 期待公司人際關係良好者往東南。

- 期盼工作有變化者往東北。
- 期待好朋友者往西南。
- 希望成就大事業者往西北。

在旅行目的地，請食用適合方位的飲食、買適合的禮品、進行開運行動。然而，往吉方位旅行有時也會發生不好的事情。我在此打個比方，一個髒的容器，即使你注入清潔的水，結果還是變爲髒水。因此，你往吉方位旅行時，也許不會立刻出現好事情。但你利用吉方位之旅淨化污水，不久便會產生吉作用。

後記

最近，不少電視節目向我取材。觀眾不僅想了解風水，而且興趣匪淺。所謂風水之說，不僅是表面的判斷而已，而且還必須有根據。事實上，不少人依照我的風水法則實行，結果真正得到幸福。

對於風水、地理、陽宅不屑一顧，視之為「迷信」的建築師，最近也開始不說「迷信」了。因為現在的屋主都要求建築師參考風水、地理建造「吉相建築」。換言之，不懂風水而被稱為一流建築師的時代已經過去了。現在，設計藍圖都不得不講究風水。前來要求你設計建築物，就和前來要求你設計風水一樣。

辦公大樓和住家一樣，都不可無視風水的存在。希望各位能夠習得「幸福之法」。

NEC老闆今年正月在接受某獎項的受獎席上說道：「否定歷史

或經驗、進行新事物的行為，還稱不上是改革，應該在認同上進行改革。」這於人類而言，真是一番透徹的話。

身為一位建築師，我認為風水不是占卜，而是一種環境學。風水才真正是為住在地球的人類製造出幸福空間、環境的好方法。

如果你能善用公司空間，創造屬於自己幸福的生活，即也是公司之幸。

廣濟堂出版社的櫻井社長總是認同我「風水地理創造幸福人生」的說法，松田常務、江渕副編輯也不斷給我鼓勵，在此特致感謝之意。

如果這本書能使各位追求到屬於自己的幸福，那真是無限的歡欣。

工學博士
一級建築師　小林　祥晃

作者聯絡地址

日本國東京都世田谷區瀨田4—25—4
小林祥晃事務局
電話：03—3708—0404

本命星表

依生年不同有九顆本命星。以星曜爲基礎的方位，因每年變化關係而出現吉凶。我們經常說「今年流年好」、「今年流年不利」，這均是以本命星爲基準的說法。請參照附表了解自己的本命星。

※本命星之一年是從立春至節分。一九六三年二月一日出生的人，屬於一九六二年寅的二黑土星。

一白水星	1918年午	1927年卯	1936年子	1945年酉	1954年午	1963年卯	1972年子	1981年酉	1990年午	1999年卯
二黑土星	1917年巳	1926年寅	1935年亥	1944年申	1953年巳	1962年寅	1971年亥	1980年申	1989年巳	1998年寅
三碧木星	1916年辰	1925年丑	1934年戌	1943年未	1952年辰	1961年丑	1970年戌	1979年未	1988年辰	1997年丑
四綠木星	1915年卯	1924年子	1933年酉	1942年午	1951年卯	1960年子	1969年酉	1978年午	1987年卯	1996年子
五黃土星	1914年寅	1923年亥	1932年申	1941年巳	1950年寅	1959年亥	1968年申	1977年巳	1986年寅	1995年亥
六白金星	1913年丑	1922年戌	1931年未	1940年辰	1949年丑	1958年戌	1967年未	1976年辰	1985年丑	1994年戌
七赤金星	1912年子	1921年酉	1930年午	1939年卯	1948年子	1957年酉	1966年午	1975年卯	1984年子	1993年酉
八白土星	1920年申	1929年巳	1938年寅	1947年亥	1956年申	1965年巳	1974年寅	1983年亥	1992年申	2001年巳
九紫火星	1919年未	1928年辰	1937年丑	1946年戌	1955年未	1964年辰	1973年丑	1982年戌	1991年未	2000年辰

吉方位表

吉方位依本命星而定。搬家、旅行、購物時，請參照此表選擇最佳月份。

◎爲大吉、○爲中吉、△爲無難方位、無記號爲凶方位。各位特別需要注意的是凶方位（無記號的月份）。如果非得往凶方位不可的話，請先往吉方位（盡可能在4日左右）後，再往目的地，如此做法可使凶方位的凶作用降低。

一白水星吉方位

年份		1月	2月	3月	4月	5月	6月	7月	8月	9月	10月	11月	12月
一九九四年	北												
	東北		△		○		○				△	△	
	東		◎	○		○	○	◎			◎	◎	○
	東南												
	南												
	西南				○		◎	◎			◎	○	
	西		○			○	○	△			△	○	○
	西北												
一九九五年	北												
	東北	○		○	○						○		○
	東		○	○	◎			◎	◎			○	○
	東南												
	南												
	西南			○	○			○	△		△		○
	西		◎		○			○	◎	◎		◎	◎
	西北			○			○		◎		◎		○
一九九六年	北		○	○				△	○			○	○
	東北	○											
	東	◎			○	○	△		△		○		
	東南												
	南												
	西南												
	西	○			○	◎	◎		◎	◎	○		
	西北												
一九九七年	北			△	△	○			○	○			△
	東北		○		◎		◎				○	○	
	東	○											
	東南		○		△		△		○	○			
	南			○	◎	◎			◎	○			
	西南												
	西	○											
	西北		◎				○		○	○		◎	
一九九八年	北	△	◎			◎				○	○	◎	
	東北	◎											
	東		△	△	○			○	○			△	△
	東南	△											
	南	◎	◎			◎	○			○	◎	◎	
	西南												
	西		◎		○			○	◎	◎		◎	◎
	西北	◎											

〔三碧木星吉方位〕

年份		1月	2月	3月	4月	5月	6月	7月	8月	9月	10月	11月	12月
一九九四年	北		○	○	△	△					△	○	○
	東北												
	東			○		◎		○	○		◎		○
	東南												
	南		◎	○	○	○					◎	◎	
	西南												
	西					○		△	○		△		△
	西北												
一九九五年	北	△	○					○	◎	◎	○	○	
	東北			○			○			△	△		○
	東												
	東南												
	南	○	○					◎	◎	○	○	○	
	西南			△			○		△	○	○		△
	西												
	西北			△			△		△		○		△
一九九六年	北				○	◎		○	○				
	東北			○		△	△			○			○
	東		△		○		△		○		△	△	
	東南												
	南												
	西南			◎		○	◎	◎		○			◎
	西		○		△		△		○		△	○	
	西北	○											
一九九七年	北	○	○	○	△	△					△	○	○
	東北		△	△	△		○			○		△	△
	東	○											
	東南		○		△		○	△	△	△			
	南		○	△	△	△					○	○	
	西南												
	西	△											
	西北		○				○	◎	◎	○		○	
一九九八年	北	△	△					△	○	○	△	△	
	東北	△											
	東		◎		○	○		◎				◎	
	東南	△											
	南	△	△					○	○	△	△	△	
	西南												
	西		◎		○	◎		○		○		◎	
	北西	◎											

〔二黑土星吉方位〕

年份		1月	2月	3月	4月	5月	6月	7月	8月	9月	10月	11月	12月
一九九四年	北												
	東北	○		◎	◎		○			○	◎		◎
	東		△			○	○		○		△	△	
	東南												
	南												
	西南			△	○		○	○		△	△		△
	西		◎			○	○		○		◎	◎	
	西北												
一九九五年	北		○			△			△	○	○	○	
	東北	◎											
	東		○	○		○		△	△			○	○
	東南												
	南		◎			○			◎	◎	◎	◎	
	西南												
	西		○			○		◎	◎			○	○
	西北		○				◎		◎			○	
一九九六年	北		○			○		◎	◎			○	
	東北			○	◎		◎			○	○		○
	東												
	東南												
	南												
	西南			△	△		△	○		○	○		△
	西												
	西北	○											
一九九七年	北		○	◎	◎	◎			○			○	◎
	東北	◎		◎	◎		○			○	◎		◎
	東												
	東南												
	南		◎	◎	◎	◎			○			◎	
	西南												
	西												
	西北												
一九九八年	北	◎	◎			○			○	◎	◎	◎	
	東北	◎											
	東		◎	◎		◎		○	○			○	◎
	東南		△		○	○	○		△				
	南	◎	◎			○			◎	◎	◎	◎	
	西南												
	西		△			△		○	○			△	△
	西北		△				○		○			△	

〔五黃土星吉方位〕　〔四綠木星吉方位〕

年份		1月	2月	3月	4月	5月	6月	7月	8月	9月	10月	11月	12月		1月	2月	3月	4月	5月	6月	7月	8月	9月	10月	11月	12月
一九九四年	北	○	○	◎	◎	◎			○	○	◎	○	◎	北	○	○	○	△	△				○	△	○	○
	東北	○	◎	◎	◎		○			○	◎	◎	◎	東北		○	○	○						◎	○	○
	東		△	○		○	○	○	○		△	△	○	東												
	東南													東南												
	南	○	○	○	○	○			△	○	△	○		南	○	◎	○	○	○				○	◎	◎	
	西南			△	○		○	○		△	△	○	△	西南			◎	◎			○			◎	○	◎
	西		◎			○	○	◎	○		◎	◎	◎	西												
	西北													西北												
一九九五年	北	◎	○			△		○	△	○	○	○		北	△	○					○	◎	◎	○	○	
	東北	◎		○	○		○			◎	◎		○	東北	○			○					△	△		
	東		○	○	○	○		△	△			○	○	東			○	○	○			◎				○
	東南													東南												
	南	○	◎			○	◎	○	◎	◎	◎	◎		南	○	○				○	◎	◎	○	○	○	
	西南			◎	◎		○	○	◎	○	◎		◎	西南				△			○	△	○	○		
	西		○		◎	○		◎	◎	◎		○	○	西				△	○			△	△			○
	西北		○	◎			◎		◎		○	○	◎	西北												
一九九六年	北		○	○	◎	○		◎	◎			○	○	北			◎	○	◎		○	○				◎
	東北	○		○	◎	◎	◎			○	○		○	東北	○			○	△	△				○		
	東	○	◎		○	○	◎		◎		◎	◎		東	○	△			○	△				△	△	
	東南													東南												
	南													南												
	西南			△	△	○	△	○		○	○		△	西南				◎	○	◎	◎			○		
	西	◎	○		◎	◎	◎		○	○	◎	○		西	△	○			△	△			○	△	○	
	西北	○												西北												
一九九七年	北	◎	○	◎	◎	◎			○	○	◎	○	◎	北	○	○	○	△	△				○	△	○	○
	東北	◎	◎	◎	◎		○			○	◎	◎	◎	東北	○	△	△	△						○	△	△
	東	○												東												
	東南		○		◎	◎	◎	◎	◎	◎				東南												
	南		◎	◎	◎	◎			○	◎	○	◎		南		○	△	△	△				△	○	○	
	西南													西南												
	西	◎												西												
	西北		○				○	△	○	○		○		西北												
一九九八年	北	◎	◎			○		◎	○	◎	◎	◎		北	△	△					△	○	○	△	△	
	東北	◎												東北	△											
	東		◎	◎	◎	◎		○	○			◎	◎	東												
	東南	◎	△	○	○	○	○		△				○	東南		◎	◎	○	○	○						◎
	南	◎	◎			○	◎	○	◎	◎	◎	◎		南	△	△				△	○	○	△	△	△	
	西南													西南												
	西		△		○	△		○	○	○		△	△	西												
	西北	△	△	○			○		○		△	△	○	西北		◎	○			○					◎	○

〔七赤金星吉方位〕

年份		1月	2月	3月	4月	5月	6月	7月	8月	9月	10月	11月	12月
一九九四年	北	○	◎	○					○	○	◎	◎	○
	東北	○	○		○					○	△	○	
	東			○		△	○		○		△		○
	東南												
	南	◎	○	◎					○	◎	◎	○	
	西南				△			○		△	△	○	
	西					○	○		◎		◎		◎
	西北												
一九九五年	北					○		◎	◎	○			
	東北	○			○		◎				◎		
	東												
	東南												
	南					△	○	○	△	○			
	西南				◎		○	○	◎		○		
	西												
	西北		○	◎			◎		◎		○	○	◎
一九九六年	北		△	△	○	○						△	△
	東北	○											
	東		◎		○		◎		○			◎	
	東南												
	南												
	西南												
	西		◎		◎		◎		○	○		◎	
	西北	◎											
一九九七年	北	○											
	東北		◎		◎					◎	○	◎	
	東	○											
	東南		○		◎	◎	○	◎		◎			
	南												
	西南												
	西	◎											
	西北		○				○	○		○		○	
一九九八年	北												
	東北	◎											
	東		△	○		○		△				△	○
	東南	◎	◎	○	◎		◎		○				○
	南												
	西南												
	西		△			○		○		○		△	△
	西北	△	△	○			○		○		△	△	○

〔六白金星吉方位〕

年份		1月	2月	3月	4月	5月	6月	7月	8月	9月	10月	11月	12月
一九九四年	北	○	◎	○	◎				○	○	◎	◎	○
	東北	○	○	○			△			○	△	○	○
	東		△			△	○	○			△	△	
	東南												
	南	◎	○	◎	◎				○	◎	◎	○	
	西南			○			○			△	△	○	○
	西		◎			○	○	◎			◎	◎	
	西北												
一九九五年	北	◎				○		◎	◎	○	◎		
	東北			○			◎			◎			○
	東		△	○	○			△	△			△	○
	東南												
	南	◎				△	○	○	△	○	○		
	西南			◎			○	○	◎	◎			◎
	西		○		◎			◎	◎			○	○
	西北												
一九九六年	北		△	△	○	○		○				△	△
	東北			◎	○	◎	◎			○			◎
	東	○											
	東南												
	南												
	西南			○	○	◎	◎			◎			○
	西	◎											
	西北												
一九九七年	北	○	◎	○	◎				○	○	◎	◎	○
	東北	○											
	東												
	東南				◎	◎	○	◎	◎				
	南		○	◎	◎				○	◎	◎	○	
	西南												
	西												
	西北						○	○	△				
一九九八年	北	◎											
	東北												
	東		△	○	○			△	△			△	○
	東南	◎	◎	○	◎	◎							○
	南	◎											
	西南												
	西		△		○			○	○			△	△
	西北	△	△	○							△	△	○

〔九紫火星吉方位〕　〔八白土星吉方位〕

年份		1月	2月	3月	4月	5月	6月	7月	8月	9月	10月	11月	12月		1月	2月	3月	4月	5月	6月	7月	8月	9月	10月	11月	12月
一九九四年	北	◎			◎	○			◎	◎	◎			北	○	○			◎			○	○	◎	○	
	東北													東北	○		◎	◎		○			○	◎		◎
	東		◎	◎			◎	○	○		◎	◎	◎	東												
	東南													東南												
	南	○			△	△			○	○	△			南	○	○			○			△	○	△	○	
	西南													西南			△	○		○	○		△	△		△
	西		○				◎	◎	○		◎	○	○	西												
	西北													西北												
一九九五年	北	◎												北		○			△		○	△			○	
	東北			◎	◎		○			○			◎	東北	◎											
	東			◎	○	○		◎	◎				◎	東		○		○	○			△			△	
	東南													東南												
	南	△												南		◎			○	◎	○	◎			◎	
	西南			○	○		◎		◎	○			○	西南												
	西				○	△		○	△	△			○	西		○		◎	○			◎	◎		○	
	西北		○				○		△		○	○		西北		○	◎					◎		○	○	◎
一九九六年	北													北												
	東北	◎		△		○	△			○	○		△	東北			○	◎		◎			○	○		○
	東	○	○		◎	◎	◎				○	○		東	○	◎			○	◎		◎		◎	◎	
	東南													東南												
	南													南												
	西南			○		○	△			△	△		○	西南			△	△		△	○		○	○		△
	西	○	△		○	△	△			○	○	△		西	◎	○			◎	◎		○		◎	○	
	西北	△												西北												
一九九七年	北				◎	○			◎	◎	◎			北												
	東北													東北	◎		◎	◎		○			○	◎		◎
	東	◎												東												
	東南		◎		◎	○		◎		○				東南		○		◎	○	◎		◎				
	南				△	△			○	○	△			南												
	西南													西南												
	西	○												西												
	西北		○					○		◎		○		西北		○				○		○			○	
一九九八年	北	◎	△			○		○			○	△		北		◎			○		◎	○			◎	
	東北													東北	◎											
	東													東		◎		◎	◎			○			◎	
	東南	◎	△		○		△		○					東南	◎	△	○		○			△				○
	南	△	△			○	○	△			△	△		南		◎			○	◎	○	◎			◎	
	西南													西南												
	西													西		△		○	△			○	○		△	
	西北	◎	◎				◎		○		◎	◎		西北	△	△	○					○		△	△	○

大展出版社有限公司	圖書目錄
地址：台北市北投區11204 致遠一路二段12巷1號 郵撥： 0166955～1	電話：(02) 8236031 8236033 傳眞：(02) 8272069

・法律專欄連載・電腦編號 58

台大法學院 法律學系／策劃
法律服務社／編著

①別讓您的權利睡著了1	200元
②別讓您的權利睡著了2	200元

・秘傳占卜系列・電腦編號 14

①手相術	淺野八郎著	150元
②人相術	淺野八郎著	150元
③西洋占星術	淺野八郎著	150元
④中國神奇占卜	淺野八郎著	150元
⑤夢判斷	淺野八郎著	150元
⑥前世、來世占卜	淺野八郎著	150元
⑦法國式血型學	淺野八郎著	150元
⑧靈感、符咒學	淺野八郎著	150元
⑨紙牌占卜學	淺野八郎著	150元
⑩ＥＳＰ超能力占卜	淺野八郎著	150元
⑪猶太數的秘術	淺野八郎著	150元
⑫新心理測驗	淺野八郎著	160元

・趣味心理講座・電腦編號 15

①性格測驗1	探索男與女	淺野八郎著	140元
②性格測驗2	透視人心奧秘	淺野八郎著	140元
③性格測驗3	發現陌生的自己	淺野八郎著	140元
④性格測驗4	發現你的真面目	淺野八郎著	140元
⑤性格測驗5	讓你們吃驚	淺野八郎著	140元
⑥性格測驗6	洞穿心理盲點	淺野八郎著	140元
⑦性格測驗7	探索對方心理	淺野八郎著	140元
⑧性格測驗8	由吃認識自己	淺野八郎著	140元
⑨性格測驗9	戀愛知多少	淺野八郎著	160元

⑩性格測驗10	由裝扮瞭解人心	淺野八郎著	140元
⑪性格測驗11	敲開內心玄機	淺野八郎著	140元
⑫性格測驗12	透視你的未來	淺野八郎著	140元
⑬血型與你的一生		淺野八郎著	160元
⑭趣味推理遊戲		淺野八郎著	160元
⑮行為語言解析		淺野八郎著	160元

・婦 幼 天 地・電腦編號16

①八萬人減肥成果	黃靜香譯	180元
②三分鐘減肥體操	楊鴻儒譯	150元
③窈窕淑女美髮秘訣	柯素娥譯	130元
④使妳更迷人	成　玉譯	130元
⑤女性的更年期	官舒妍編譯	160元
⑥胎內育兒法	李玉瓊編譯	150元
⑦早產兒袋鼠式護理	唐岱蘭譯	200元
⑧初次懷孕與生產	婦幼天地編譯組	180元
⑨初次育兒12個月	婦幼天地編譯組	180元
⑩斷乳食與幼兒食	婦幼天地編譯組	180元
⑪培養幼兒能力與性向	婦幼天地編譯組	180元
⑫培養幼兒創造力的玩具與遊戲	婦幼天地編譯組	180元
⑬幼兒的症狀與疾病	婦幼天地編譯組	180元
⑭腿部苗條健美法	婦幼天地編譯組	180元
⑮女性腰痛別忽視	婦幼天地編譯組	150元
⑯舒展身心體操術	李玉瓊編譯	130元
⑰三分鐘臉部體操	趙薇妮著	160元
⑱生動的笑容表情術	趙薇妮著	160元
⑲心曠神怡減肥法	川津祐介著	130元
⑳內衣使妳更美麗	陳玄茹譯	130元
㉑瑜伽美姿美容	黃靜香編著	150元
㉒高雅女性裝扮學	陳珮玲譯	180元
㉓蠶糞肌膚美顏法	坂梨秀子著	160元
㉔認識妳的身體	李玉瓊譯	160元
㉕產後恢復苗條體態	居理安・芙萊喬著	200元
㉖正確護髮美容法	山崎伊久江著	180元
㉗安琪拉美姿養生學	安琪拉蘭斯博瑞著	180元
㉘女體性醫學剖析	增田豐著	220元
㉙懷孕與生產剖析	岡部綾子著	180元
㉚斷奶後的健康育兒	東城百合子著	220元
㉛引出孩子幹勁的責罵藝術	多湖輝著	170元
㉜培養孩子獨立的藝術	多湖輝著	170元

㉝子宮肌瘤與卵巢囊腫	陳秀琳編著	180元
㉞下半身減肥法	納他夏・史達賓著	180元
㉟女性自然美容法	吳雅菁編著	180元
㊱再也不發胖	池園悅太郎著	170元
㊲生男生女控制術	中垣勝裕著	220元
㊳使妳的肌膚更亮麗	楊　皓編著	170元

・青 春 天 地・電腦編號17

①A血型與星座	柯素娥編譯	120元
②B血型與星座	柯素娥編譯	120元
③O血型與星座	柯素娥編譯	120元
④AB血型與星座	柯素娥編譯	120元
⑤青春期性教室	呂貴嵐編譯	130元
⑥事半功倍讀書法	王毅希編譯	150元
⑦難解數學破題	宋釗宜編譯	130元
⑧速算解題技巧	宋釗宜編譯	130元
⑨小論文寫作秘訣	林顯茂編譯	120元
⑪中學生野外遊戲	熊谷康編著	120元
⑫恐怖極短篇	柯素娥編譯	130元
⑬恐怖夜話	小毛驢編譯	130元
⑭恐怖幽默短篇	小毛驢編譯	120元
⑮黑色幽默短篇	小毛驢編譯	120元
⑯靈異怪談	小毛驢編譯	130元
⑰錯覺遊戲	小毛驢編譯	130元
⑱整人遊戲	小毛驢編著	150元
⑲有趣的超常識	柯素娥編譯	130元
⑳哦！原來如此	林慶旺編譯	130元
㉑趣味競賽100種	劉名揚編譯	120元
㉒數學謎題入門	宋釗宜編譯	150元
㉓數學謎題解析	宋釗宜編譯	150元
㉔透視男女心理	林慶旺編譯	120元
㉕少女情懷的自白	李桂蘭編譯	120元
㉖由兄弟姊妹看命運	李玉瓊編譯	130元
㉗趣味的科學魔術	林慶旺編譯	150元
㉘趣味的心理實驗室	李燕玲編譯	150元
㉙愛與性心理測驗	小毛驢編譯	130元
㉚刑案推理解謎	小毛驢編譯	130元
㉛偵探常識推理	小毛驢編譯	130元
㉜偵探常識解謎	小毛驢編譯	130元
㉝偵探推理遊戲	小毛驢編譯	130元

㉞趣味的超魔術	廖玉山編著	150元
㉟趣味的珍奇發明	柯素娥編著	150元
㊱登山用具與技巧	陳瑞菊編著	150元

・健 康 天 地・電腦編號 18

①壓力的預防與治療	柯素娥編譯	130元
②超科學氣的魔力	柯素娥編譯	130元
③尿療法治病的神奇	中尾良一著	130元
④鐵證如山的尿療法奇蹟	廖玉山譯	120元
⑤一日斷食健康法	葉慈容編譯	150元
⑥胃部強健法	陳炳崑譯	120元
⑦癌症早期檢查法	廖松濤譯	160元
⑧老人痴呆症防止法	柯素娥編譯	130元
⑨松葉汁健康飲料	陳麗芬編譯	130元
⑩揉肚臍健康法	永井秋夫著	150元
⑪過勞死、猝死的預防	卓秀貞編譯	130元
⑫高血壓治療與飲食	藤山順豐著	150元
⑬老人看護指南	柯素娥編譯	150元
⑭美容外科淺談	楊啟宏著	150元
⑮美容外科新境界	楊啟宏著	150元
⑯鹽是天然的醫生	西英司郎著	140元
⑰年輕十歲不是夢	梁瑞麟譯	200元
⑱茶料理治百病	桑野和民著	180元
⑲綠茶治病寶典	桑野和民著	150元
⑳杜仲茶養顏減肥法	西田博著	150元
㉑蜂膠驚人療效	瀨長良三郎著	150元
㉒蜂膠治百病	瀨長良三郎著	180元
㉓醫藥與生活	鄭炳全著	180元
㉔鈣長生寶典	落合敏著	180元
㉕大蒜長生寶典	木下繁太郎著	160元
㉖居家自我健康檢查	石川恭三著	160元
㉗永恒的健康人生	李秀鈴譯	200元
㉘大豆卵磷脂長生寶典	劉雪卿譯	150元
㉙芳香療法	梁艾琳譯	160元
㉚醋長生寶典	柯素娥譯	180元
㉛從星座透視健康	席拉・吉蒂斯著	180元
㉜愉悅自在保健學	野本二士夫著	160元
㉝裸睡健康法	丸山淳士等著	160元
㉞糖尿病預防與治療	藤田順豐著	180元
㉟維他命長生寶典	菅原明子著	180元

㊱維他命C新效果	鐘文訓編	150元
㊲手、腳病理按摩	堤芳朗著	160元
㊳AIDS瞭解與預防	彼得塔歇爾著	180元
㊴甲殼質殼聚糖健康法	沈永嘉譯	160元
㊵神經痛預防與治療	木下眞男著	160元
㊶室內身體鍛鍊法	陳炳崑編著	160元
㊷吃出健康藥膳	劉大器編著	180元
㊸自我指壓術	蘇燕謀編著	160元
㊹紅蘿蔔汁斷食療法	李玉瓊編著	150元
㊺洗心術健康秘法	竺翠萍編譯	170元
㊻枇杷葉健康療法	柯素娥編譯	180元
㊼抗衰血癒	楊啟宏著	180元
㊽與癌搏鬥記	逸見政孝著	180元
㊾冬蟲夏草長生寶典	高橋義博著	170元
㊿痔瘡・大腸疾病先端療法	宮島伸宜著	180元
51膠布治癒頑固慢性病	加瀨建造著	180元
52芝麻神奇健康法	小林貞作著	170元
53香煙能防止癡呆？	高田明和著	180元
54穀菜食治癌療法	佐藤成志著	180元
55貼藥健康法	松原英多著	180元
56克服癌症調和道呼吸法	帶津良一著	180元
57Ｂ型肝炎預防與治療	野村喜重郎著	180元
58青春永駐養生導引術	早島正雄著	180元
59改變呼吸法創造健康	原久子著	180元
60荷爾蒙平衡養生秘訣	出村博著	180元
61水美肌健康法	井戶勝富著	170元
62認識食物掌握健康	廖梅珠編著	170元
63痛風劇痛消除法	鈴木吉彥著	180元
64酸莖菌驚人療效	上田明彥著	180元
65大豆卵磷脂治現代病	神津健一著	200元
66時辰療法——危險時刻凌晨4時	呂建強等著	元
67自然治癒力提升法	帶津良一著	元
68巧妙的氣保健法	藤平墨子著	元

・實用女性學講座・電腦編號19

①解讀女性內心世界	島田一男著	150元
②塑造成熟的女性	島田一男著	150元
③女性整體裝扮學	黃靜香編著	180元
④女性應對禮儀	黃靜香編著	180元

・校 園 系 列・電腦編號 20

①讀書集中術	多湖輝著	150元
②應考的訣竅	多湖輝著	150元
③輕鬆讀書贏得聯考	多湖輝著	150元
④讀書記憶秘訣	多湖輝著	150元
⑤視力恢復！超速讀術	江錦雲譯	180元
⑥讀書36計	黃柏松編著	180元
⑦驚人的速讀術	鐘文訓編著	170元
⑧學生課業輔導良方	多湖輝著	170元

・實用心理學講座・電腦編號 21

①拆穿欺騙伎倆	多湖輝著	140元
②創造好構想	多湖輝著	140元
③面對面心理術	多湖輝著	160元
④偽裝心理術	多湖輝著	140元
⑤透視人性弱點	多湖輝著	140元
⑥自我表現術	多湖輝著	150元
⑦不可思議的人性心理	多湖輝著	150元
⑧催眠術入門	多湖輝著	150元
⑨責罵部屬的藝術	多湖輝著	150元
⑩精神力	多湖輝著	150元
⑪厚黑說服術	多湖輝著	150元
⑫集中力	多湖輝著	150元
⑬構想力	多湖輝著	150元
⑭深層心理術	多湖輝著	160元
⑮深層語言術	多湖輝著	160元
⑯深層說服術	多湖輝著	180元
⑰掌握潛在心理	多湖輝著	160元
⑱洞悉心理陷阱	多湖輝著	180元
⑲解讀金錢心理	多湖輝著	180元
⑳拆穿語言圈套	多湖輝著	180元
㉑語言的心理戰	多湖輝著	180元

・超現實心理講座・電腦編號 22

①超意識覺醒法	詹蔚芬編譯	130元
②護摩秘法與人生	劉名揚編譯	130元
③秘法！超級仙術入門	陸　明譯	150元

④給地球人的訊息	柯素娥編著	150元
⑤密教的神通力	劉名揚編著	130元
⑥神秘奇妙的世界	平川陽一著	180元
⑦地球文明的超革命	吳秋嬌譯	200元
⑧力量石的秘密	吳秋嬌譯	180元
⑨超能力的靈異世界	馬小莉譯	200元
⑩逃離地球毀滅的命運	吳秋嬌譯	200元
⑪宇宙與地球終結之謎	南山宏著	200元
⑫驚世奇功揭秘	傅起鳳著	200元
⑬啟發身心潛力心象訓練法	栗田昌裕著	180元
⑭仙道術遁甲法	高藤聰一郎著	220元
⑮神通力的秘密	中岡俊哉著	180元
⑯仙人成仙術	高藤聰一郎著	200元
⑰仙道符咒氣功法	高藤聰一郎著	220元
⑱仙道風水術尋龍法	高藤聰一郎著	200元
⑲仙道奇蹟超幻像	高藤聰一郎著	200元
⑳仙道鍊金術房中法	高藤聰一郎著	200元

・養 生 保 健・電腦編號 23

①醫療養生氣功	黃孝寬著	250元
②中國氣功圖譜	余功保著	230元
③少林醫療氣功精粹	井玉蘭著	250元
④龍形實用氣功	吳大才等著	220元
⑤魚戲增視強身氣功	宮　嬰著	220元
⑥嚴新氣功	前新培金著	250元
⑦道家玄牝氣功	張　章著	200元
⑧仙家秘傳袪病功	李遠國著	160元
⑨少林十大健身功	秦慶豐著	180元
⑩中國自控氣功	張明武著	250元
⑪醫療防癌氣功	黃孝寬著	250元
⑫醫療強身氣功	黃孝寬著	250元
⑬醫療點穴氣功	黃孝寬著	250元
⑭中國八卦如意功	趙維漢著	180元
⑮正宗馬禮堂養氣功	馬禮堂著	420元
⑯秘傳道家筋經內丹功	王慶餘著	280元
⑰三元開慧功	辛桂林著	250元
⑱防癌治癌新氣功	郭　林著	180元
⑲禪定與佛家氣功修煉	劉天君著	200元
⑳顛倒之術	梅自強著	360元
㉑簡明氣功辭典	吳家駿編	元

㉒八卦三合功　張全亮著　230元

・社會人智囊・電腦編號24

①糾紛談判術　清水增三著　160元
②創造關鍵術　淺野八郎著　150元
③觀人術　淺野八郎著　180元
④應急詭辯術　廖英迪編著　160元
⑤天才家學習術　木原武一著　160元
⑥猫型狗式鑑人術　淺野八郎著　180元
⑦逆轉運掌握術　淺野八郎著　180元
⑧人際圓融術　澀谷昌三著　160元
⑨解讀人心術　淺野八郎著　180元
⑩與上司水乳交融術　秋元隆司著　180元
⑪男女心態定律　小田晉著　180元
⑫幽默說話術　林振輝編著　200元
⑬人能信賴幾分　淺野八郎著　180元
⑭我一定能成功　李玉瓊譯　180元
⑮獻給青年的嘉言　陳蒼杰譯　180元
⑯知人、知面、知其心　林振輝編著　180元
⑰塑造堅強的個性　坂上肇著　180元
⑱爲自己而活　佐藤綾子著　180元
⑲未來十年與愉快生活有約　船井幸雄著　180元

・精 選 系 列・電腦編號25

①毛澤東與鄧小平　渡邊利夫等著　280元
②中國大崩裂　江戶介雄著　180元
③台灣・亞洲奇蹟　上村幸治著　220元
④7-ELEVEN高盈收策略　國友隆一著　180元
⑤台灣獨立　森　詠著　200元
⑥迷失中國的末路　江戶雄介著　220元
⑦2000年5月全世界毀滅　紫藤甲子男著　180元
⑧失去鄧小平的中國　小島朋之著　220元

・運 動 遊 戲・電腦編號26

①雙人運動　李玉瓊譯　160元
②愉快的跳繩運動　廖玉山譯　180元
③運動會項目精選　王佑京譯　150元
④肋木運動　廖玉山譯　150元

國家圖書館出版品預行編目資料

商場開運風水術/小林祥晃著；李芳黛譯
——初版，——臺北市，大展，民86
面；　　公分，——（命理與預言；49）
譯自：ビジネスに活かす風水術
ISBN 957-557-693-4（平裝）

1. 相宅

294.1　　86001887

BUSINESS NI IKASU FUUSUIJUTSU

Originally published in Japan in 1995 by KOSAIDO SHUPPAN CO., LTD..
Chinese translatio rights arranged through TOHAN CORPORATION, TOKYO and KEIO Cultural Enterprise CO., LTD
版權仲介/京王文化事業有限公司

商場開運風水術　　ISBN 957-557-693-4

原著者/小林祥晃
編著者/李芳黛
發行人/蔡森明
出版者/大展出版社有限公司
社址/台北市北投區（石牌）致遠一路2段12巷1號
電話/（02）8236031・8236033
傳真/（02）8272069
郵政劃撥/0166955-1
登記證/局版臺業字第2171號
承印者/國順圖書印刷公司
裝訂/嶸興裝訂有限公司
排版者/弘益電腦排版有限公司
電話/（02）5611592
初版1刷/1997年（民86年）4月

定價/200元

大展好書 好書大展

大展好書 好書大展